Ansia

Una Guida Per Attacchi Di Panico E Ansia

(Mettete Fine All'ansia Sociale, Allo Stress E Alla Depressione E Fuggite Oggi)

Ilario Costa

Traduzione di Daniel Heath

© **Ilario Costa**

Ansia: Una Guida Per Attacchi Di Panico E Ansia (Mettete
Fine All'ansia Sociale, Allo Stress E Alla Depressione E
Fuggite Oggi)

ISBN 978-1-989808-85-6

TERMINI E CONDIZIONI

INDICE

PARTE 1

INTRODUZIONE

Grazie per aver scelto questo libro.

Se avete scaricato questo libro, è possibile che voi o una persona cara abbiate ansia o sentimenti di paura, preoccupazione e nervosismo per quanto riguarda la vita quotidiana e il futuro. Essere un po 'nervosi per il futuro è normale, ma le persone che soffrono di ansia trascorrono molto più tempo a preoccuparsi delle proprie decisioni. Sentono l'impatto emotivo e fisico di queste paure nella loro vita quotidiana. I disturbi d'ansia sono diventati la malattia mentale più comune negli Stati Uniti, con quasi il 18% della popolazione che ne soffre. In effetti, è diventata la preoccupazione per la salute più comunemente segnalata nei campus universitari a livello nazionale. Nel nostro mondo frenetico, molti giovani sentono di non essere semplicemente in grado di tenere il passo con tutte le richieste che li riguardano. Ci possono essere molti segnali di avvertimento anche nel vostro albero genealogico, perché le ricerche ritengono che l'ansia sia ereditaria. Se avete altre condizioni fisiche o malattie, associate all'alcol o al consumo di droghe, è possibile che la vostra ansia possa essere ulteriormente aggravata.

La cosa più importante è capire dove state sulla scala dell'ansia. Se avete sentimenti lievi, potreste essere in grado di controllarli con una serie di diversi esercizi o cambiamenti nel vostro stile di vita. Ecco dove punta questo libro! Il nostro obiettivo è di offrirti 30 nuove sfide in modo che voi possiate provare qualcosa di nuovo ogni giorno del mese per gestire e alleviare l'ansia quotidiana. Possono essere sfide fisiche, sociali o sfide che vi spingono a concentrarvi sulla cura di voi stessi emotivamente. Speriamo che queste sfide vi incoraggino a provare qualcosa di nuovo e vedere se vi sentite meglio a gestire lo stress nella vostra vita.

Se i sentimenti ansiosi sono più gravi, comprese altre conseguenze fisiche, potresteaver bisogno di cure mediche e vi esortiamo a contattare il vostro medico di base (vedere il Capitolo 3).

Ci sono molti libri su questo argomento sul mercato, grazie ancora per aver scelto questo libro!

Capitolo 1: Mettetevi in forma!

Sappiamo che l'esercizio fisico e il rilascio del neurotrasmettitore serotonina sono utili per stabilire l'idoneità mentale. Può ridurre lo stress, migliorare la concentrazione e la funzione generale del cervello e aiutarvi a dormire un po' più del necessario! Il rilascio naturale di endorfine agisce come antidolorifici per il corpo e aiuta a ridurre la sensazione di stress o disagio. L'esercizio aerobico in generale che fa pompare il cuore può ridurre la tensione e alleviare l'umore.

Questo è il motivo per cui questa sezione è dedicata al fisico!

Work out

Intendiamo questo nel modo più bello possibile ma ... alzatevi e muovetevi! La scienza dimostra che le persone fisicamente attive tendono ad avere tassi più bassi di depressione e ansia rispetto alle persone che conducono uno stile di vita più sedentario. L'esercizio fisico - in particolare gli esercizi aerobici che fanno pompare il cuore e i muscoli doloranti - migliorano la salute mentale del cervello e vi permettono di affrontare meglio lo stress. Inoltre, il rilascio di endorfine può avere un effetto duraturo, anche dimostrando di alleviare lo stress per poche ore.

Questo non vuol dire che sarà lo stesso per ogni individuo. Ogni individuo è diverso e alcuni potrebbero non sperimentare una differenza significativa nella salute mentale dopo una sessione di allenamento. Ma non lo saprete mai finché non ci provate! Trovate e impostate un orario nel vostro programma e rendilo una priorità per allenarvi. Provate solo una volta alla settimana, poi due volte, quindi secondo i vostri impegni. Investite in alcuni attrezzi per l'allenamento, iscrivetevi a una palestra locale e partecipate alle loro lezioni, e prendete un compagno di allenamento ... tutti questi suggerimenti potrebbero aiutarvi a diventare più motivati a esercitare e creare una routine di coerenza. Non si tratta solo di andare una volta, ma di farlo regolarmente. Provate e vedete come vi sentite. Avete sentito un po 'di sollievo dallo stress? Vi siete sentiti più calmi e lucidi, invece di soffrire per qualcosa di personale o legato al lavoro? Vi sentivate come se dormiste meglio quella notte invece di rigirarvi? Se qualcuno di questi fosse sì, allora forse una buona routine di allenamento è la chiave per aiutarvi a mantenere uno stile di vita sano e gestire l'ansia.

Provate oppure meditazione

Sebbene molti medici e psichiatri siano ancora riluttanti a raccomandare lo yoga ai loro pazienti, sta diventando un trattamento più comune per l'ansia e la depressione. Gli atteggiamenti nei suoi confronti stanno cambiando da essere un knockoff "hippy" di un allenamento, a un metodo reale e olistico accettato per rilassarsi. Nel 2011, i ricercatori di Harvard hanno scoperto che quasi il 3% degli americani era stato consigliato dai loro medici di base di usare lo yoga, specialmente se tendevano ad avere ansia o depressione. Quel numero aumenta di anno in anno mentre i medici stanno imparando come la meditazione e lo yoga contrastano l'ansia e rilassano il corpo fisicamente e mentalmente.

La ricerca mostra che solo 20-30 minuti al giorno trascorsi a meditare mostrano risultati promettenti nel miglioramento della salute mentale generale di una persona. Lo yoga è anche raccomandato per le persone che hanno subito altri traumi come PTSD, vittime di violenza o depressione. La presenza fisica richiesta dallo yoga è il perfetto neutralizzatore per una mente ansiosa. Invece di angosciare per il futuro e tutte le cose che potrebbero andare storte, lo yoga richiede la vostra piena attenzione all'esercizio del momento: trattenere il corpo, allungare un certo muscolo, inspirare ed espirare con un certo ritmo. Con la vostra mente focalizzata sul presente, avete meno probabilità di pensare al passato o al futuro. Vi permette di concentrarvi semplicemente sul momento.

Uno studio presso la Wake Forest School of Medicine ha riferito che durante 20 minuti di meditazione, viene attivata la corteccia prefrontale ventromediale (l'area del cervello che cerca di schiacciare qualsiasi sensazione di preoccupazione). La corteccia cingolata anteriore del cervello (l'area che controlla il pensiero razionale) si illumina, indicando che il vostro cervello sta cercando di dissipare le preoccupazioni emotive e pensare invece logicamente, ed è esattamente quello che vogliamo! Meno emotivo siete per i problemi della vostra vita, più logicamente potete affrontarli per trovare una possibile soluzione. L'ansia vi sopraffà e vi fa sì che pensiate solo emotivamente.

Lo stesso studio di Harvard ha scoperto che quando si esegue lo yoga, il cervello rilascia un neurotrasmettitore chiamato GABA, o acido gamma-aminobutirrico che lavora per colpire gli stessi recettori neurali della medicina anti-ansia. Più yoga e meditazione vengono praticati, più aumentano i livelli di GABA, più è probabile che un paziente abbia avuto cambiamenti positivi nel suo umore generale e meno segni di ansia.

Ballate mentre ascoltate musica

La musica è un potente antidroga. Giusto; può davvero alleviare il dolore e l'ansia, nonché sollevare il morale e darvi un impulso d'umore istantaneo. Un nuovo campo fiorente di "musicoterapia" ha terapisti che lavorano con individui di tutte le età per aiutarli a comunicare le loro esperienze difficili e usare gli strumenti musicali o la loro voce per trasmettere i loro sentimenti. Il tono, il tempo, i testi e la voce di una canzone contribuiscono tutti alla nostra reazione emotiva ad esso. Le scansioni neurologiche dimostrano che il nostro cervello è attivato dalla musica e ha il potere di cambiare il modo in cui pensiamo e sentiamo.

Quindi, vi invitiamo a mettere insieme una playlist e godervi la musica! Usate la musica familiare a cui avete un ricordo associato, come il primo concerto a cui avete partecipato o la vostra canzone del ballo. Scegliete i pezzi che vi fanno sentire meglio e sollevate il vostro umore; pezzi a cui vi sentite connesso e con cui reagite fortemente, ma in senso buono. Sappiamo tutti che ci sono canzoni che possono "abbattervi", ma vogliamo l'effetto opposto. Volete scegliere quelle che vi fanno sentire bene, cantare insieme, alzarvi e ballare canzoni!

E non abbiate paura di scegliere le canzoni senza testi. A volte solo una sinfonia musicale può creare un'atmosfera rilassante e costringervi a concentrarvi semplicemente sull'armonia della musica. Canzoni strumentali o musica classica sono ottime alternative e possono aiutarvi a trovare il vostro umore desiderato per rilassarvi e dimenticare le vostre preoccupazioni.

Fate una passeggiata

Gli studi dimostrano che solo una passeggiata di 10 minuti all'esterno può avere gli stessi effetti di un allenamento intenso di 45 minuti! Esatto, tutto ciò che dovete fare è uscire e fare una passeggiata veloce e potete ancora raccogliere i frutti di un buon allenamento. L'esercizio fisico aiuta ad alleviare l'ansia e la depressione e può migliorare il vostro umore. Una camminata veloce può fornire effetti temporanei di buon umore che possono rimanere con voi per ore. Il vostro cervello si adatta molto meglio per affrontare lo stress e vi sentite più attivi durante il giorno. Solo 20 minuti di esposizione all'aria fresca possono rivitalizzare il vostro cervello! Richard Ryan, Ph. D. e autore principale nel campo una volta disse: "La natura è combustibile per l'anima".

Ammirate l'alba/il tramonto

Prendetevi un po 'di tempo fuori dalla vostra intensa giornata per guardare il tramonto (o l'alba) e sentire un cambiamento nel vostro benessere emotivo e spirituale. Studi scientifici hanno scoperto che guardare il tramonto o l'alba aiuta a combattere la depressione e l'ansia e mettervi di buon umore. Esatto: c'è qualcosa di magico nel prendere il tempo fuori dalla routine di lavoro e godersi la vista. Ed è una vista gratuita! Ogni giorno, la natura vi offre un magnifico spettacolo di colori mentre il sole sorge e tramonta, e sei libero di immergervi tutto dentro. Vi basta un minuto per concentrarvi, non sulle vostre preoccupazioni, paure o su quali piani avete dopo. Dovete stare sul presente e nel momento in modo da non perdere la visione unica che la natura vi ha fornito.

Guardare l'alba è una potente metafora per il nuovo giorno a venire. Tutto è possibile. Avete la possibilità di creare nuove opportunità, stringere nuove relazioni e prendere nuove decisioni per avere un impatto su di voi e sul mondo che vi circonda. È d'ispirazione pensarci: ogni giorno abbiamo un nuovo inizio e possiamo fare tutto ciò che vogliamo. Il mondo intero (beh, il vostro angolo!) Si sta svegliando e pronto a cogliere l'attimo.

Avere una giornata difficile o una giornata stressante al lavoro? Vi sentite preoccupati per quello che vi aspetta? Prendetevi un minuto per guardare il tramonto e rendetevi conto che questa giornata si sta esaurendo. I tramonti sono senza tempo e danno un senso di romanticismo e soggezione. Vi costringe a posare il telefono e distogliere lo sguardo dallo schermo della TV e concentrarvi solo sul miracolo naturale all'orizzonte. Uno studio di ricerca del 2012 ha scoperto che i partecipanti, che sono aperti a sentirsi colpiti dalla natura, si sono sentiti più soddisfatti della propria vita ed erano meno impazienti. Una volta Mahatma Gandhi disse: "Quando ammiro le meraviglie di un tramonto o la bellezza della luna, la mia anima si espande nell'adorazione del creatore." Che tu sia una persona spirituale o no, la vista del possente sole che scende nell'orizzonte è potente e non puoi fare a meno di dimenticare le tue preoccupazioni e apprezzare la natura, anche per pochi minuti prima di affrontare il corso della tua notte.

Non devi guidare per una vista panoramica o fare qualcosa di speciale per catturare l'alba o il tramonto. Basta uscire dal balcone o dal cortile e ammirare la vista!"

Provate nuove tecniche di respirazione

Quando il vostro corpo entra in modalità panico, la vostra respirazione cambia improvvisamente. Invece di fare respiri superficiali, state improvvisamente respirando molto rapidamente e in modo superficiale e iperventilando che può causare una serie di altri sintomi fisici. Per combattere questi cambiamenti, è importante stimolare il sistema nervoso parasimpatico del corpo. Questo sistema è quello che lavora per calmare il corpo durante i periodi di stress.

Ecco alcuni tipi di esercizi di respirazione da provare:

Respirazione naturale: inalate lentamente una normale quantità di aria attraverso il naso e riempite solo i polmoni superiori. Il vostro stomaco si espanderà mentre il petto rimane immobile. Espirare facilmente.

Respiro calmante: inspirate un lungo respiro attraverso il naso e riempite prima i polmoni inferiori, poi i polmoni superiori. Trattenete il respiro mentre contate fino a tre. Uno, due, tre e attraverso le labbra increspate, espirate lentamente mentre rilassate i muscoli della mascella, delle spalle, dello stomaco e del viso.

Conti calmanti: inspirate un respiro lungo e profondo ed espiratelo mentre dite a voi stessi la parola relax. Chiudete gli occhi e fate dieci respiri facili. Ad ogni espirazione, conto alla rovescia a partire da "dieci". Prendete in considerazione tutta la vostra tensione e cercate lentamente di rilassare quei muscoli. Quando raggiungete "uno", riaprite gli occhi e prendete in considerazione ciò che provate adesso.

Quando sarete in grado di controllare con successo la respirazione, la respirazione e la frequenza cardiaca rallenteranno e, a sua volta, la pressione sanguigna diminuirà. L'improvvisa tensione nei muscoli diminuirà e inizierete a sentire un senso di calma quando comincerete a sentirvi più lucido. Se siete un principiante negli esercizi di respirazione, ci sono molte app disponibili per guidarvi attraverso questo! Provate a seguire le indicazioni della guida e vedete se gli esercizi di respirazione sono proprio ciò di cui avete bisogno per calmarvi e cogliere un momento di chiarezza in una giornata intensa.

Andate a letto a presto—e tenete spento il vostro cellulare!

Il sonno è importante! Passiamo da una cultura di avere naptimes giornalieri quando siamo giovani a una cultura di movimento e attività costanti, in cui il sonno è basso nella nostra lista di priorità. Uno studio presso la Binghamton University di New York ha scoperto che gli adulti che dormivano meno durante la notte, reagivano più fortemente alle immagini negative che venivano mostrate e meno fortemente alle immagini positive o neutre. Ciò suggerisce che la perdita di sonno causa l'incapacità di sopprimere gli stimoli negativi che possono influenzare notevolmente l'umore e l'ansia di una persona. Questo spiega in gran parte perché le persone che non hanno dormito bene la notte tendono ad essere irritabili e irritabili il giorno successivo! Si ritiene che la mancanza di sonno riduca la funzione cognitiva generale.

L'Associazione americana per i disturbi d'ansia ha scoperto che il 75% degli adulti afferma che i loro problemi di sonno hanno aumentato ulteriormente lo stress e l'ansia e hanno influenzato la capacità di concentrazione del giorno successivo. Questo ciclo in corso è soffocante e non può essere modificato fino a quando non rendi il sonno una priorità. Al fine di combattere i vostri problemi di sonno, siamo qui per offrire alcuni suggerimenti per cercare di semplificarvi una migliore routine del sonno.

- Esercizio! Come detto all'inizio di questo capitolo, l'esercizio fisico abbassa l'ansia e può migliorare il sonno. Cercate di non esercitarvi prima di coricarvi perché funziona in modo controproducente: il rilascio di endorfine vi terrà invece sveglio. Meglio allenarvi almeno nel tardo pomeriggio o in prima serata per rendervi effettivamente stanchi prima di andare a letto.

- Calmate la vostra mente. Cercate di usare le tecniche di rilassamento per rilassare la mente e combattere eventuali pensieri negativi che vi attraversano la testa. Prendetevi del tempo per meditare, eseguite alcuni esercizi di yoga o respirazione per calmarvi (vedi le sezioni precedenti!).

- Impostate il vostro ambiente. Assicuratevi che la vostra camera da letto sia perfettamente orientata per permettervi di addormentarvi comodamente. Cercate di limitare la luce e il suono e mantenere la temperatura un po 'più fredda di quella a cui siete abituati. Questo incoraggia il corpo a conservare energia andando a dormire. Una macchina audio può essere utile se è difficile ignorare il rumore esterno. Provate a suonare musica rilassante o usate un'app per riprodurre suoni naturali come la pioggia o le onde dell'oceano che possono farvi addormentare. Un diffusore può emettere i vostri profumi preferiti per aiutarvi a vagare di notte. (Consigliamo la lavanda!) Un bagno o una doccia prima di coricarvi aiuta anche a ridurre la temperatura corporea, permettendovi di addormentarvi più rapidamente.

- Limitare le schermate. Dobbiamo dirlo: la scienza è corretta. I raggi del telefono, del tablet e della TV emettono una luce che mantiene sveglio il cervello. Potreste pensare di navigare sul Web o rispondere alle e-mail prima di andare a letto è un buon modo per calmarvi, ma in realtà mantiene il vostro cervello funzionante. Gli esperti del sonno consigliano di riporre tutti i dispositivi almeno un'ora prima di coricarsi. Invece del tempo sullo schermo, vi consigliamo di trovare un'altra attività da svolgere, come la lettura o l'inserimento nel journal. Quindi, impostate la sveglia e mettete via il telefono! Non vi preoccupate; tutte quelle e-mail senza risposta vi aspetteranno ancora al mattino!

Visitate l'oceano

Come esseri umani, le nostre antiche culture sono sempre state attratte dall'oceano. Nell'antica Roma, i bagni erano centrali per la società. La medicina cinese aveva l'acqua come chiave per mantenere l'equilibrio del corpo e aiutare nella felicità. Oggi non possiamo ancora fare a meno di essere attratti dall'acqua. Amiamo andare in vacanza in spiaggia o visitare i nostri fiumi o laghi locali per un picnic o una cena. Andiamo a nuotare, a vela e alle immersioni subacquee e adoriamo immergerci nella vasca da bagno per rilassarci dopo una lunga giornata. In un mondo in cui siamo costantemente bombardati dal rumore, visitare l'oceano ci dà una pausa da tutte le esigenze che la vita ci lancia. In effetti, il censimento del luogo della salute inglese ha scoperto che quei cittadini che vivono sulla costa segnalano una migliore salute fisica e mentale di quelli che non lo fanno! Solo un altro fattore per cui una proprietà sul mare è così costosa! Spiega perché le Hawaii hanno guadagnato il posto come lo stato più felice n. 1 dal sondaggio Gallup dal 2008, non è vero?

Il suono dell'acqua è così semplice, eppure così rilassante dopo il bombardamento dei rumori che affrontiamo ogni giorno della nostra vita. Abbinate quel suono uditivo con la visuale di stare sul bordo del vasto oceano e guardare l'orizzonte ... ci fa desiderare subito una giornata in spiaggia! Il vostro cervello si rilassa e si immerge semplicemente nella vista - solo l'unica vista e l'unico suono - che voi le state fornendo. Il costante rumore ritmico è quasi ipnotizzante e attiva il sistema nervoso parasimpatico del cervello che ci permette di sentirci più rilassati. Ispirate di nuovo quella sensazione di soggezione (vedi "Guarda il tramonto") e ci permette di sentirci più connessi al mondo naturale che ci circonda. Le onde cerebrali entrano in uno stato di attività più riposante e portano una sensazione di calma e serenità. Il colore blu è stato associato a sensazioni di calma e pace e ad un aumento della creatività. Si ritiene che gli spazi verdi e blu abbiano un effetto terapeutico sulle persone.

Anche l'aria dell'oceano ha un effetto curativo! Gli atomi di ossigeno che provengono dalla brezza dell'oceano hanno naturalmente un elettrone in più nella loro struttura chimica. Il Journal of Alternative Complementary Medicine ritiene che questo ione negativo possa aiutare ad alleviare il cattivo umore e persino a trattare i sintomi di ansia e disturbo affettivo stagionale.

Visitate un luogo che non avete mai visto prima

Ovunque voi viviate, quel posto è casa. Potreste aver vissuto lì fin dalla nascita, o appena trasferiti lì di recente per lavoro o scuola. A volte siamo così impegnati con le nostre vite quotidiane che non abbiamo mai davvero la possibilità di esplorare al di fuori delle nostre quattro mura. Ognuno è impegnato con impegni che coinvolgono lavoro, amici, famiglia, hobby e altri significativi. Con i nostri impegni, non ci prendiamo il tempo di esplorare i nostri dintorni e i punti di riferimento unici per la nostra città. In effetti, un recente sondaggio ha scoperto che tonnellate di newyorkesi ammetteranno di non aver nemmeno visitato la Statua della Libertà o la cima dell'Empire State Building, nonostante lavorino o vivano a pochi minuti! Giusto! Sembra sciocco considerando che quei luoghi sono alcune delle principali località turistiche del mondo, ma è proprio quello che succede a volte quando siamo così concentrati sulla nostra piccola fetta di vita: dimentichiamo di vedere il più grande pittore i più grandi monumenti che ci circondano!

Per questo compito, vi invitiamo a pensare a cosa nella vostra città non avete ancora visitato. Forse vi siete appena trasferiti ed eravate troppo occupati per andare a visitare la città, o siete semplicemente stati catturati dalla banale routine della scuola o del lavoro per prendervi un giorno libero. Prendete nota di questo luogo e trasformatelo in missione! Non volete perdervi la visita di un punto di riferimento che offre un significato storico o divertente.

Riducete il vostro consumo di alcool e caffeina

La caffeina può essere un gran risveglio al mattino, ma berne troppo e a tarda mattinata vi farà aumentare l'ansia e inibirà il sonno. Le sostanze chimiche agiscono per bloccare le sostanze chimiche che inducono il sonno e per aumentare la produzione di adrenalina del corpo. La caffeina inizia ad agire in appena 15 minuti, ma può richiedere fino a 6 ore per lasciare il corpo, e questa è solo la metà della quantità che è stata consumata. Al fine di combattere l'effetto del vostro corpo sulla caffeina, tenete traccia di quante bevande contenenti caffeina state bevendo e di quanto tempo la consumate nel corso della giornata. Sebbene la metà degli americani ammetta che usano bevande contenenti caffeina per scongiurare la sonnolenza diurna, è meglio evitare le bevande contenenti caffeina almeno 2-3 ore prima di coricarsi. In questo modo, il vostro corpo è in grado di liberarsi della caffeina consumata durante il giorno, senza aumentare nuovamente la vigilanza. Tenete presente che la caffeina non è solo caffè, ma molti stimolanti come cioccolato, soda, tè e qualsiasi cosa con sciroppo di mais ad alto contenuto di fruttosio. Ci sono sempre alternative come il tè "sleepy time" con camomilla o geranio che sono prive di caffeina. Questi lavorano per aiutare il corpo a produrre melatonina, l'ormone naturale che il corpo produce per farvi sentire assonnato.

L'alcool, d'altra parte, è un deprimente e ben un quarto degli americani ammette di usarlo per aiutarli ad addormentarsi. In effetti, l'idea di un buon bicchiere di vino prima di andare a letto per aiutarvi ad addormentarsi è comune e funziona ... in parte. L'alcol può aiutarvi ad addormentarvi più velocemente, ma offre una scarsa qualità del sonno durante la notte. Il corpo produce una sostanza chimica chiamata adenosina che aumenta dopo l'assunzione di alcol per aiutare ad addormentarsi più velocemente, ma diminuisce con la stessa velocità con cui è stata prodotta e aumenta la probabilità di svegliarvi. L'alcol è collegato con una maggiore attività del sonno ad onde lente chiamata attività delta. Questa attività è del tipo associato al sonno profondo che consente al corpo di ricaricarsi e ringiovanirsi durante la notte. Con l'alcol nel sistema, queste onde cerebrali sono limitate e non vi sveglierete riposati come dovreste.

Il sonno REM o RapidEyeMovement è considerato la fase più importante, in cui il vostro corpo ha maggiori probabilità di sognare. I vostri muscoli diventano i più rilassati durante questa fase. Questa è la fase che vi fa sentire più riposati. Ma se c'è alcool nel flusso sanguigno, bloccherà il sonno REM e avrete maggiori probabilità di sentirvi intontiti anche dopo un riposo di una notte intera.

E, affrontiamo i fatti qui: l'alcol è un diuretico. Di solito, quando è ora di andare a letto, il vostro corpo sa che è ora di dormire e lavorerà con voi in modo da non fare più viaggi in bagno per la notte. Ma l'alcool funziona in modo opposto. Vi sveglia la vescica nel bel mezzo della notte, il che vi rende necessario andare ancora di più, interrompendo il normale schema del sonno.

Togliete gli zuccheri dalla vostra dieta

I livelli elevati di zucchero nel sangue sono collegati a una mancanza di sonno e la mancanza di sonno è legata ad alti livelli di zucchero nel sangue. Sì, un altro ciclo! Aumento dei livelli di zucchero nel sangue, aumento del rischio di diabete, specialmente nei pazienti che sono già a rischio a causa della genetica. I pazienti con diabete di tipo I che dormono solo 4 ore a notte hanno ridotto la loro sensibilità all'insulina del 20% rispetto ai pazienti che hanno avuto un riposo di una notte intera. La privazione del sonno è associata a una bassa tolleranza al glucosio e ad un aumento degli ormoni che controllano l'appetito. Ciò può causare la voglia di spuntini di mezzanotte che influenzerà ulteriormente i livelli di glucosio. Quando dormite, il corpo entra in una fase di sonno profondo e produce un aumento degli ormoni della crescita e una diminuzione dell'ormone cortisolo. Per questo motivo, il sonno profondo è molto importante per regolare il glucosio nel corpo. Il sonno interrotto e uno scarso ciclo del sonno sono collegati all'aumento di peso e al rischio di diabete.

Quando avete consumato una grande quantità di zucchero prima di andare a letto - cioccolato, torte, gelati, dessert, solo per citarne alcuni! - i vostri reni cercheranno di liberarvi dello zucchero extra urinando di più. Questo vi farà alzare dal letto più spesso per un viaggio in bagno e interrompere la vostra capacità di dormire profondamente. Mentre lo zucchero lascia il vostro corpo attraverso la minzione, vi sentirete più assetati e vi ritroverete a desiderare un bicchiere d'acqua.

Capitolo 2: Dedicatevi alla vita sociale!

Sebbene alcune persone si sentano più ansiose nelle situazioni sociali, la verità della questione è che più interazioni sociali positive hanno una persona, meno saranno ansiose nel complesso. Legami sani sono necessari per sentirci amati e curati. Non deve essere qualcuno del tutto nuovo: guardati intorno alle persone della vostra vita che vi fanno sentire bene con voi stessi e continuano a rafforzare quei legami con amici e familiari. Oppure potete provare a incontrare nuove persone o essere coinvolto in una nuova attività in cui troverai persone con interessi comuni.

1. Aiutate chi ha bisogno

Può sembrare controintuitivo, ma aiutare qualcuno nel bisogno vi aiuterà a sentirvi meglio! È vero! Gli studi hanno scoperto che quando le persone hanno donato in beneficenza, la parte del loro cervello che è responsabile dei sentimenti di ricompensa e felicità si è attivata e si sono sentiti felici per la loro azione. E non deve essere finanziariamente! In parole povere, gli psicologi credono che quando aiuti un'altra persona ed esegui un atto gentile, sperimenti qualcosa chiamato "il massimo di aiuto". Vi sentite stimolato nella vostra autostima a causa della buona azione che avete compiuto. Lo UnitedHealth Group ha riscontrato che il 96% delle persone che si sono offerte volontarie nell'ultimo anno ha affermato di aver arricchito il senso dello scopo e dell'autostima, e il 78% ha ritenuto di aver abbassato il livello di stress generale.

Dati i numeri sorprendenti sugli effetti positivi dell'aiutare qualcuno nel bisogno, vi esortiamo a fare lo stesso! Che si tratti di una donazione finanziaria per una delle vostre cause preferite (non deve essere molto!) O di volontariato fisico nella vostra comunità, potete provare a trovare la soluzione perfetta per le vostre azioni di beneficenza. Le attività faccia a faccia sono molto utili per combattere la solitudine e i sentimenti di isolamento, *quindi potete sempre chiamare la vostra banca alimentare o ospedale locale e chiedere se hanno bisogno di volontari. Oppure, se preferisci animali pelosi, chiamate il vostro rifugio per animali! Spesso, hanno bisogno di dog-walking per fare esercizio ai cani, e forse preferireste invece attirare l'attenzione di un amico a quattro zampe peloso!*

Se non vi sentite a vostro agio in nuove situazioni o quando esci di casa, potete sempre provare a trovare qualcosa comodamente da casa vostra. Esistono molte app o hotline che cercano volontari per parlare con persone che potrebbero avere problemi di salute mentale o che hanno bisogno di qualcuno con cui parlare. Se eccellete negli accademici, ci sono tonnellate di siti di assistenza e tutoraggio per insegnare ad altri che potrebbero avere difficoltà. Ci sono molti modi per raggiungere lo scopo e coinvolgervi. Non solo aiuterete gli altri, ma vi aiuterete anche a lungo termine!

2. <u>Chiamate un vecchioamico</u>

"Ci sentiamo più tardi!" Ma lo farete davvero? Siamo tutti impegnati nella nostra vita quotidiana e siamo più colpevoli che non di mettere le nostre amicizie sul backburner. Quindi, questo è il momento di contattare un vecchio amico! Costruire relazioni sociali è qualcosa che riduce i livelli di stress, anche se siete titubanti nel fare il primo passo per farlo! Non deve essere complicato: basta inviare un messaggio a un vecchio amico o inviare un messaggio a qualcuno a cui continuate a pensare ma che non avete avuto il tempo di contattare. Se siete ansioso di parlare al telefono, invia invece un'e-mail o un messaggio di testo. È probabile che la persona che avete contattato vi sarà grata per aver fatto l'iniziativa e avete acceso una vecchia amicizia. Infatti, l'abbraccio aumenta i livelli di serotonina per migliorare l'umore e la felicità generale! Quando trascorrete del tempo con le vostre amicizie — parlare, ridere, abbracciare — vi state letteralmente rendendo felice e allo stesso tempo riducete l'ansia! Win-win!

3. Partecipate a un evento social

Lo abbiamo tutti: l'unico evento sul nostro calendario che temiamo. Che si tratti di una festa di compleanno, di una doccia per bambini o di una cena al lavoro, siamo ancora divisi tra la partecipazione ... o la scusa e stare a casa quella notte. Ecco il nostro consiglio: vai! Giusto. Sfidare voi stessi ad adattarvi a un nuovo ambiente incoraggia il vostro cervello a svegliarsi e crea una raffica di onde cerebrali. Quando siete semplicemente bloccati in una solita routine, non uscite dalla vostra zona comfort. Quindi, anche se può sembrare snervante, fate un piano per partecipare a un evento sociale e sfruttarlo al meglio. Fate shopping per un nuovo vestito o prendete del tempo per pensare a quale regalo acquistare. Trovateun amico o un familiare che potete portare con voi se potete un plus-one. Qualunque cosa sia, vi sentirete sfidati in una nuova atmosfera. Chissà, potreste persino divertirvi!

4. Provatenuoviincontri

Come menzionato nella sezione "Aiutare qualcuno nel bisogno", la socializzazione faccia a faccia può portare a una diminuzione dei sentimenti di depressione e ansia. La socializzazione è fondamentale e necessaria per noi per costruire legami e relazioni reciproche e legami sani e positivi rafforzano la nostra salute mentale. Una Oregon State University ha studiato 11.000 partecipanti e ha scoperto che quelli che avevano pochissimi contatti sociali faccia a faccia raddoppiavano il rischio di avere la depressione due anni dopo. Quei partecipanti che si incontravano con la famiglia e gli amici almeno tre volte alla settimana avevano meno probabilità di avere la depressione più avanti nella vita.

Con queste nuove informazioni sui legami sociali, vi invitiamo a cercare di fare nuove amicizie. Certo, è difficile e siamo così impegnati con la nostra vita quotidiana, ma fare quelle nuove connessioni e forgiare nuove amicizie potrebbe essere la chiave per una vita sociale soddisfacente e per scongiurare i sintomi di ansia e depressione. Prendete lezioni nella vostra palestra locale o partecipate a uno sport organizzato nel vostro centro ricreativo. Trovate un gruppo di attivisti politici se è qualcosa che vi interessa o trovate un posto in città dove potete fare volontariato. Ci sono più attività sociali per gli adulti là fuori di quanto pensate - si tratta solo di trovare ciò che vi interessa e di circondarvi di persone che condividono quell'interesse comune. Date un'occhiata ai feedFacebook o sui social media locali della vostra città per vedere per quali classi o eventi pubblicizzano.

5. Andate in chiesa

Questa sezione si applica a qualsiasi casa di culto religiosa a cui appartenete: andateci! La scienza ha scoperto che le persone più religiose o spirituali rispondono meglio allo stress e all'ansia. La dott.ssa Roberta Lee del BethIsrael'sMedical Center di New York City scrive che quelle persone "sono più in grado di affrontare lo stress, guarire più rapidamente dalle malattie e sperimentano maggiori benefici per la loro salute e benessere". In uno studio di 126.000 persone , è emerso che le persone che frequentavano frequentemente le funzioni religiose aumentavano le loro probabilità di vivere del 29%. Wow!

Nessuno diventa religioso dall'oggi al domani. E forse non siete affatto una persona religiosa o spirituale. Anche questo va bene. Ma se lo siete, o se avete un senso di identità religiosa a qualunque denominazione scegliete, non aver paura di abbracciarlo. Andate nella vostra casa di culto locale o incontrate un leader religioso. Frequentate le lezioni o organizzate i gruppi di supporto e diventate un punto di partecipazione ai servizi. È possibile che la connessione con la vostra fede sia proprio ciò di cui avevi bisogno per ridurre l'ansia e lo stress della vostra vita.

6. Parlate con qualcuno che ha vissuto quello che avete passato

Parlare con un genitore o una persona cara può essere intimidatorio, specialmente quando vi sentite stressati per le situazioni della vostra vita e vi preoccupate di essere giudicati. Ma la verità è che non esiste un sostituto per una buona figura genitoriale o qualcuno della vostra famiglia a cui vi potete appoggiare. Ciò è particolarmente vero se si è consapevoli che manifestano anche sintomi di ansia. In effetti, la ricerca scientifica afferma che condividere i vostri sentimenti di stress con qualcuno che ha attraversato ciò che state vivendo funziona per ridurre lo stress generale. È come dice un vecchio proverbio: "Il dolore condiviso è mezzo dolore, la gioia condivisa è il doppio della gioia".

Quando parlate con qualcuno che ha attraversato le fasi della vita che state attraversando, diventate più fiducioso di vincere qualsiasi problema voi stiate affrontando. Se siete preoccupati per il lavoro, contattate qualcuno che ha superato la fase scoraggiante delle domande di lavoro e delle interviste e ha ottenuto il lavoro dei suoi sogni. Se siete preoccupato per il vostro imminente matrimonio o la vostra vita coniugale, parlate con qualcuno che si è sposato e rispecchia il tipo di relazione educativa che sperate di avere. Lo stesso vale per l'imminente genitorialità! Il semplice fatto della questione è che, quando condividete le vostre preoccupazioni con qualcuno che ha vissuto esperienze simili, vi sentite meglio nell'affrontare qualsiasi compito sia in corso.

7. Tenetevi fuori dai social media

Nell'attuale clima di costante interazione con i social media, a volte il modo migliore per calmare i nervi è diventare non social. I social media ci circondano costantemente. Qualunque app state controllando dieci volte al giorno potrebbe essere una fonte di stress per voi anziché una fonte di relax. Pensate a cosa vi innesca. Vi sentite infelice quando vedete le foto dei vostri amici durante gli eventi e vi sentite escluso? vi sentite invidioso quando vedete gli acquisti delle persone mentre siete alle prese con i debiti? Vi sentite geloso quando vedete qualcuno/a per voi importante con un altro/a? Se vi accorgete dei vostri trigger, è più facile stare lontano da queste immagini e dalle app che vi rendono emotivi. Non c'è niente di sbagliato nel prendere una breve pausa dai social media. È una presenza costante nelle nostre vite e spesso non possiamo fare a meno di sentirci incatenati ai nostri telefoni e laptop. Certo, potrebbero essere necessari per il lavoro, ma potrebbe non essere necessario controllare Instagram 10 volte al giorno o angosciarsi sugli stati di Facebook delle persone. Se vi sentite consumati e sconvolti sui social media invece di godervi la connessione, non abbiate paura di fare una pausa. Non solo per poche ore, ma per alcuni giorni! Eliminate l'app se necessario, ma dite a voi stessi che vi prenderete qualche giorno di riposo e tornerete con una nuova prospettiva. Una pausa potrebbe essere proprio ciò di cui avete bisogno.

D'altro canto, immergitevi in messaggi positivi sui vostri account sui social media. Invece di concentrarvi sul fisico (shopping, corpi da spiaggia, cultura delle celebrità, ecc.), Concentratevi su ciò che vi piace e ciò che vi fa sentire bene. Seguite altri account di poesie, citazioni di ispirazione, fotografie di stock o account che condividono foto di animali da compagnia! Non c'è vergogna nel seguire qualcosa che vi fa sorridere. Dopotutto, è il vostro account sui social media e potete seguire chi volete! Perché non seguire ciò che vi fa sentire bene invece di ciò che vi stressa?

CAPITOLO 3: PRENDETEVI CURA DI VOI STESSI!

Questo capitolo è tutto su di voi! Ci siamo concentrati sul fisico (capitolo 1) e abbiamo discusso di quanto sia utile l'interazione sociale (capitolo 2). Ma la verità è che nulla funzionerà per ridurre l'ansia o i sentimenti di preoccupazione finché non sarete in grado di capirvi meglio. Queste attività vi aiutano a trascorrere del tempo con voi stessi!

8.   Scrivete una lista di cose che amate di voi stessi

Concentriamoci su di voi! Siete un individuo unico/a con la vostra storia personale, i tratti del personaggio e la personalità. È importante che voi lo sappiate. Non abbiate paura di essere onesti con voi stessi riguardo ai vostri buoni tratti e a ciò che ritenete siano i vostri attributi forti. L'amore per sé consiste nel capire che persona meravigliosa siete, anche se vi sentite in un punto basso della vostra vita in cui altre persone potrebbero non rendersene conto ancora.

Prendete del tempo per scrivere un elenco incentrato sulle vostre buone qualità. Non concentratevi sul fisico, concentratevi sulle cose che contano davvero. Siete un buon amico? Siete una brava figlia? Vi offrite volontari da qualche parte? Aiutate qualcuno che ne ha bisogno? Siete un gran lavoratore? Siete onesto? Se potete dire di sì a una di queste domande, aggiungetelo alla vostra lista! Il tipo di persona che siete nella vita è definito dai buoni tratti che avete. Se ne siete orgogliosi, non abbiate paura di dirlo a voi stessi e provate una spinta nella vostra autostima.

9. Cucinate oppure preparate qualcosa al forno

Sta emergendo un nuovo tipo di terapia e si chiama terapia culinaria. Gli studi hanno scoperto che ci sono molti benefici che derivano dal trascorrere del tempo da soli cucinando o cuocendo al forno. In effetti, gli adolescenti che avevano più capacità culinarie o di cottura tendevano ad avere meno sintomi di depressione e una maggiore salute mentale in generale. La cottura al forno è uno sbocco per liberare lo stress dopo una lunga giornata. Proprio come se stesse dipingendo o scrivendo, state lavorando per creare qualcosa in cucina. Vi state concentrando su un compito a portata di mano e che allontana le vostre ansie e preoccupazioni, almeno per un pò. Che voi abbiate musica in sottofondo o meno, il vostro telefono è assente e non ci sono distrazioni tranne l'attività a portata di mano. Non state pensando troppo o sguazzando in pensieri tristi - dopo tutto, quando il timer emette un segnale acustico, dovete togliere i biscotti dal forno! Annusare i diversi ingredienti e lavorare con le mani stimola i sensi e produce una scarica di endorfine che alleviano naturalmente lo stress. Sia che voi state misurando la farina, sciogliendo il cioccolato o stendendo la pasta, i vostri sensi sono intensificati.

Julie Ohana, la creatrice della Culinary Art Therapy, scrive che quando "il compito [cottura] ti consente di creare qualcosa per nutrire te stesso e i tuoi cari, può essere un'esperienza molto potente". Quando dai a qualcuno dei prodotti da forno, fatto, siete generosi e questo provoca buoni sentimenti (vedi "Aiutare qualcuno nel bisogno"). È equivalente a compiere una buona azione. Sapere che avete preparato quel piatto da zero vi dà un senso di realizzazione e non potete fare a meno di provare una spinta di fiducia se vi fa i complimenti per la vostra creazione.

È importante distinguere tra cottura o cucina che aiuta a ridurre lo stress rispetto a cottura stressante o cottura che aggiunge solo stress. Se state preparando una cena del Ringraziamento per una casa piena di ospiti e siete angosciati dal sapore dei vostri piatti, non vi sentirete molto tranquilli! In effetti, se siete qualcuno che non è molto a suo agio in cucina, allora questo non è il compito per voi. Ma se vi piace passare un po' di tempo a fare qualcosa, mangiare ciò che avete preparato e condividere i vostri prodotti da forno, allora questo è solo il compito per voi. Dedicate un po 'di tempo al vostro programma per cucinare o cuocere e sentirete un senso di soddisfazione per aver trascorso del tempo a fare qualcosa che amate.

10. Godetevi un trattamento spa/massaggio

La parola "spa" ci fa immaginare un lussuoso e spesso costoso rifugio privato in cui venite coccolato e curato, dove le vostre preoccupazioni spariranno. Anche se non potete permettervi un trattamento del genere, è possibile trascorrere una giornata spa nel comfort di casa propria. Dovete semplicemente regalarvi ciò che meglio vi calma. Pensa a ciò di cui il vostro corpo ha bisogno e a cosa vi piacerebbe. Volete fare un lungo bagno nella vasca? Volete disperatamente indossare una maschera? È passato un po' di tempo da quando avete dipinto le unghie? Volevate provare uno scrub esfoliante? Qualunque cosa sia, siete in grado di farlo accadere e raggiungere il giusto umore per l'atmosfera che vi circonda. Mettete un po' di musica, accendete delle candele, prendeteuna vestaglia comoda e preparatevi a rilassatevi con un bicchiere del vostro vino preferito.

Gli studi hanno scoperto che i trattamenti spa che possono essere riprodotti a casa per aiutarvi a rilassarvi riducono efficacemente l'ansia e creano una sensazione di benessere mentale e fisico. Ciò include cose come un bagno caldo, un massaggio a getto in una vasca idromassaggio, una maschera di fango, ecc. Scoprite cosa funziona meglio per voi per ridurre l'ansia dopo una lunga giornata e aiutarvi a concentrarvi sugli obiettivi di domani. Una volta che avete familiarità con quale esperienza calma i vostri sensi, sarà più facile per voi trovare il tempo per un trattamento spa a casa.

Regalarsi un massaggio di tanto in tanto è anche un ottimo modo per ridurre l'ansia e i livelli di stress. Uno studio presso la Mayo Clinic ha scoperto che un massaggio di un'ora può ridurre l'ormone dello stress fino al 30% in una sola sessione. Un massaggio può essere meraviglioso per voi fisicamente per alleviare i muscoli doloranti e i disturbi del sonno (e gli effetti di un materasso grumoso!). Ma mentalmente, fornisce anche chiarezza e tranquillità. Inoltre, i benefici non sono di breve durata! Uno studio ha scoperto che i livelli di ansia sono rimasti bassi anche mesi dopo la fine di una sessione di terapia di massaggio. Questo è uninvestimentochepossiamoottenere!

11. Fate una lista di obiettivi che volete raggiungere

Un altro ottimo modo per concentrarsi su voi stessi e i vostri piani per il futuro è quello di creare un elenco di obiettivi che desiderate raggiungere. Questi possono essere obiettivi a breve termine che si desidera lavorare per raggiungere presto, o obiettivi a lungo termine che si desidera raggiungere un giorno. Lasciatevi sognare in grande! Che si tratti di un lavoro migliore, di un'auto nuova, di un appartamento più grande o di obiettivi personali che prevedono la perdita di peso, l'allenamento per una maratona o l'esercizio fisico, è importante vedere tali obiettivi sulla carta e decidere di lavorare per raggiungerli. È possibile, purché voi pianificate ogni passaggio e ricordate a voi stesso cosa potreste avere in futuro. Forse dovrete lasciar perdere di mangiare fuori per risparmiare denaro. Forse dovrete svegliarvi un'ora prima per forzarvi ad andare in palestra. Qualunque cosa sia, permettetevi di concentrarvi sui tuoi obiettivi e sul percorso che dovete seguire per arrivarci. Potrebbe essere necessario considerare i vostri punti deboli e ammettere se avrete bisogno di più aiuto per raggiungere il vostro obiettivo. Che si tratti di seguire una lezione o ottenere aiuto sul lavoro, dovete essere onesti con voi stessi riguardo ai passaggi aggiuntivi che dovete compiere per raggiungere il vostro obiettivo. Potrebbe essere necessario coinvolgere un sistema di supporto o chiedere a un amico di rendervi responsabile in modo da non lasciarvi andare. Mantenete una mente aperta e sappiate che potrebbero esserci degli ostacoli lungo la strada.

Premiatevi con una sorpresa quando raggiungete con successo un obiettivo. Il raggiungimento di obiettivi, anche di piccole dimensioni, è un segno di realizzazione. Siate pazienti con voi stessi se un obiettivo è più difficile di quanto pensate o state impiegando più tempo di quanto vi aspettaste. Alcuni compiti richiedono più pazienza e può sembrare che le circostanze non vadano per il verso giusto. Finché rimanete fedele al sogno che prevedete in futuro, è sempre possibile realizzarlo.

12. Comprate per voi candele oppure olii essenziali

Nell'ultimo decennio, l'aromaterapia è diventata un metodo in crescita per aumentare il benessere di una persona e ridurre la sensazione di stress, ansia e altre condizioni di salute mentale. Gli oli essenziali sono oli puramente raccolti che sono più comunemente raccolti da ingredienti naturali, come piante, fiori, frutta o erbe. Ogni profumo unico ha il suo valore medicinale. Possono essere aggiunti a prodotti di bellezza come lozioni e saponi o diffusi in una stanza attraverso un diffusore o un incenso.

Ci sono alcuni oli che sono comunemente raccomandati per ridurre lo stress, le emozioni negative e per aiutarvi a sentirvi meglio all'istante.

Alcuni dei nostri olii essenziali raccomandati includono:

- Lavanda: questo è l'olio essenziale numero uno raccomandato per aiutare coloro che hanno difficoltà a dormire. In effetti, noterete che molti deodoranti per ambienti o deodoranti per tessuti sono profumati alla lavanda per favorire un buon riposo notturno. Uno studio sul Journal of Alternative Complementary Medicine ha scoperto che i pazienti con insonnia hanno sperimentato un miglioramento fino al 60% della loro qualità del sonno durante l'uso della lavanda. È noto che l'odore migliora l'umore e provoca un effetto calmante. Viene anche usato per alleviare mal di testa ed emicrania.

- Limone: il vibrante profumo di agrumi del limone combatte istantaneamente i sentimenti di stanchezza e tristezza. Funziona per migliorare il vostro umore, alleviare lo stress e migliorare la concentrazione.

- YlangYlang: questo olio è derivato da un fiore ed è noto per indurre sensazioni di benessere. Metterlo un po' sui punti del polso in cui potete sentire l'odore durante il giorno o sul cuscino mentre vi addormentate, può dare un senso di calma. Può migliorare il vostro umore e abbassare la frequenza cardiaca.

- Camomilla: se vi piace bere il tè di camomilla per rilassarvi dopo una lunga giornata, questo è l'olio essenziale perfetto per voi. Questo fornisce un profumo calmante e pacifico per ridurre l'ansia. Uno studio presso la School of Medicine dell'Università della Pennsylvania ha scoperto che la camomilla imitava molte qualità antidepressive.

- Geranio: questo è un altro fiore noto per il suo profumo calmante. Il suo odore migliorerà istantaneamente il vostro umore e alcune persone lo troveranno abbastanza calmante per aiutarli a dormire.
- Rosa: forse il fiore più popolare di tutti, l'odore delle rose è noto per alleviare l'ansia e rilasciare serotonina, gli ormoni del benessere che il vostro cervello secerne naturalmente. L'odore delle rose può immediatamente ravvivare il vostro umore o riportarvi a un ricordo o un appuntamento con una persona cara.

È fondamentale notare che l'uso di oli aromaterapici per il trattamento di condizioni di salute mentale non è stato approvato dalla Food and Drug Administration degli Stati Uniti. Questi sono semplicemente metodi olistici che hanno preso piede negli ultimi anni e sono garantiti da molte antiche scuole di medicina e guarigione come le comunità olistiche cinesi e indiane. È anche possibile avere una reazione avversa a un certo profumo, quindi vi consigliamo di fare attenzione quando usate un nuovo olio essenziale. Non devono mai essere ingeriti, ma un nuovo profumo potrebbe causare problemi respiratori o nausea, soprattutto se si ha l'asma o una condizione respiratoria precedente. Come sempre, dovreste consultarvi con il vostro medico prima di provare qualcosa di nuovo.

Ci sono molte fonti là fuori che possono insegnarti i metodi raccomandati per applicare oli essenziali, quindi assicurati di cercarne uno se ritieni che l'aromaterapia sia la strada giusta per te!

13.   Riordinare

Odiamo essere severi, ma ammettiamolo, probabilmente avete troppe cose. Il disordine si accumula nelle nostre case e quel disordine può portare a sentimenti di ansia e stress che invadono la nostra salute mentale. In effetti, esiste un'intera associazione chiamata Association of Professional Declutters&Organizers. Il gruppo afferma che a volte non è facile rilassarsi alla fine di una lunga giornata perché "una casa ingombra invia segnali al cervello che ci sono un milione di cose da fare". Uno studio dell'Università della California ha scoperto che il cortisolo, l'ormone dello stress, è stato trovato a livelli più alti nelle madri che vivevano in case "ingombra" rispetto alle madri che mantenevano una casa ordinata.

È difficile trovare il tempo nelle nostre vite impegnate per fare qualcosa di banale come la pulizia, ma vi esortiamo a mettere da parte 15 minuti al giorno per sistemare la vostra casa e affrontare un'area problematica che avete temuto. Che si tratti di lavare i piatti, passare l'aspirapolvere, finalmente andare in giro a riporre il bucato oppure ordinare una stanza disordinata ... una stanza più visivamente organizzata può aumentare i livelli di produttività e consentirvi di concentrarvi più efficacemente sulle vostre attività durante il giorno. Una stanza disordinata è fonte di distrazione e la vista del disordine stimola eccessivamente la corteccia visiva e interferisce con la capacità di elaborare nuove informazioni. Mettere in ordine rende le cose più organizzate e, a sua volta, vi consente di lavorare in modo più efficiente. Gli studi hanno scoperto che le persone che si prendono il tempo di rifare il letto ogni mattina sperimentano un sonno più riposante. Una cosa così piccola potrebbe essere proprio il cambiamento di cui avete bisogno nella vostra routine.

Ecco alcuni semplici suggerimenti per iniziare a organizzare il vostro spazio vitale:

- Nascondete il disordine: invece di tenere gli oggetti in un display aperto, che si tratti di scartoffie, vestiti o cianfrusaglie, comprate cestini che potrebbero contenere le vostre cose in modo che siano nascoste. Tutti i vostrii articoli sono ancora lì, ma non li guardate costantemente.
- Etichettate i vostri effetti personali: se è qualcosa di importante di cui avrete bisogno, prendete il tempo necessario per etichettarlo! Che si tratti di documenti fiscali, certificato di nascita,

documenti universitari ... assicuratevi di etichettare le vostre cartelle in modo che quando arriva il momento di prenderlo, siete preparati sapendo esattamente dove si trova.

- Eliminate: essere consapevoli della data di scadenza dei deperibili e gettare le cose quando sono oltre la data di scadenza. Lo stesso si può dire per il vostro guardaroba. Se è qualcosa di strappato, vecchio o qualcosa che non indossate, passate oltre e sbarazzatevi di esso. Potete venderlo online o donarlo da qualche parte nella vostra comunità locale.

- Ordinate per stagione: un ottimo modo per ridurre il disordine nell'armadio è quello di riporre i vestiti invernali quando arriva la primavera, quindi riporre il guardaroba primaverile ed estivo quando inizia la stagione fredda. In questo modo, non state costantemente mescolando abiti della stagione sbagliata per trovare qualcosa di appropriato da indossare.

Un altro studio di ricerca della CornellUniversity afferma che il disordine nella vostra stanza può persino portare a un eccesso di cibo. Esatto, il disordine è collegato all'aumento di peso. Un esperimento psicologico ha scoperto che le persone in una stanza disordinata tendevano a mangiare snack più malsani rispetto alle persone in una stanza organizzata. In effetti, uno studio della Florida State University ha scoperto che le persone che provenivano da case estremamente ingombre avevano il 77% di probabilità in più di essere in sovrappeso. Potrebbero esserci molti fattori coinvolti in questo, ma l'idea era che gli individui di fretta o dal cervello sparpagliato, come le loro stanze, tendessero a mangiare cibi confezionati e veloci, mentre le persone di una casa più organizzata prendevano il tempo per pianificare i pasti e cucinarne di più sani. La situazione in cui si trovano la vostra camera da letto e lo spazio abitativo rifletterà anche l'organizzazione e la disposizione della vostra cucina. Se lavorate per mantenere la vostra dispensa ben fornita, ingredienti freschi e piatti puliti, è più probabile che vi preparate qualcosa per la cena invece di prendere costantemente fast food o riscaldare un pasto da congelatore. Questo alla fine porta a migliori abitudini alimentari e migliori pasti consumati.

14. Ridipingere

Può sembrare un sacco di lavoro all'inizio, ma gli esperti ritengono che riqualificare il vostro spazio di vita possa ridurre i livelli di stress e aumentare la vigilanza. Il vostro cervello si abitua a un certo spazio abitativo e alle cose che avete in giro. Quando introducete alcuni cambiamenti, che si tratti di una nuova mano di vernice o di un nuovo divano, il vostro cervello reagisce a un cambiamento nell'ambiente fisico e diventa più attivo per adattarsi alle differenze. Piccole differenze sono sufficienti per aumentare l'attività cerebrale. Non dovete impegnarvi a spendere un sacco di soldi o passare molto tempo a rifare completamente l'intera stanza.

Ad esempio, dipingere una stanza di un nuovo colore può cambiare il modo in cui vi sentite in uno spazio. Gli studi raccomandano di scegliere tonalità di blu o verde. È stato dimostrato che il blu riduce la pressione sanguigna e vi fa sentire meno stressati (vedi "Visita l'oceano" del capitolo 1). Il verde è anche un colore che porta un senso di calma, motivo per cui vi incoraggiamo a decorare il vostro spazio vitale con le piante. Secondo il Journal of EnvironmentalPsychology, avere piante d'appartamento ha dimostrato di ridurre i livelli di stress. Se le piante vere o i fiori freschi non sono la vostra specialità, potete sempre acquistare alternative false o ottenere piante grasse che richiedono pochissima cura.

Un altro consiglio di BetterHomes& Garden per ridurre l'ansia è quello di coprire l'elettronica in casa. Sappiamo che il vostro telefono e laptop potrebbero dover essere al vostro fianco, ma gli studi hanno scoperto che le persone che tengono la TV in un armadio multimediale e tengono le porte chiuse hanno molte meno probabilità di accendere la televisione non appena entrano nella stanza. Lontano dagli occhi, lontano dal cuore! Anche semplicemente tenere nascosti i cavi o il router Internet nascosto può aiutare a ridurre visivamente il disordine in una stanza e ricordarvi di concentrarvi su altre attività a portata di mano, non sulla tecnologia.

L'Institute of Psychiatry di Londra vi consiglia anche di limitare il numero di specchi nel vostro spazio vitale. Ne abbiamo tutti bisogno in bagno quando ci stiamo preparando per il lavoro o per uscire di notte, ma i ricercatori hanno scoperto che la natura riflessiva di uno specchio incoraggia l'introspezione e pone troppa enfasi sull'aspetto fisico. Le persone che guardavano costantemente negli specchi erano più stressate dal loro aspetto rispetto alle persone che non avevano tanti specchi nel loro spazio di vita. Mentre guardare il vostro riflesso nello specchio è necessario, avere troppi in giro può farvi concentrare sui vostri presunti difetti invece che sulla vostra bellezza.

Lavora a decorare il vostro spazio abitativo concentrandovi sul minimalismo e sull'organizzazione in modo che il disordine sia nascosto e le vostre superfici pulite (vedi "Riordinare"). E non abbiate paura di aprire le finestre! Uno studio di Pittsburgh ha scoperto che i pazienti ospedalieri che erano stati esposti a più luce naturale durante il giorno hanno sperimentato meno ansia e stress. Se siete a casa e vi godete il vostro spazio, aprite le tende e lasciate entrare il sole. Fornirà luce naturale per il vostro spazio e il sole migliorerà il vostro umore.

15.   Controllate le vostrespese

La ricerca è chiara: il primo motivo di ansia per quasi l'85% degli adulti è finanziario. È stato il principale fattore di stress nei rapporti dell'American PsychologyAssociation dall'inizio del sondaggio nel 2007. Emergenze non pianificate, spese mediche e preoccupazioni per il lontano futuro della pensione (o non così distante a seconda dello stadio della vita in cui vi trovate!) Sono costantemente in bilico nella nostra mente e causandoci stress e preoccupazioni.

Per affrontare i problemi di stress finanziario, ecco alcuni passaggi preliminari che potete prendere:

- Creare un budget: potrebbe esserci stato insegnato questo nella scuola media, ma a volte abbiamo bisogno di un piccolo aiuto per diventare di nuovo responsabili. La creazione di un budget rigoroso consente di visualizzare tutti i soldi in entrata e in uscita. Ciò include le necessità come bollette, affitto e cibo, e anche le cose "divertenti" come le uscite serali e le spese di intrattenimento. Quando avete elencato tutte le vostre spese, potete dare la priorità a ciò che è più importante e decidere cosa potreste essere in grado di vivere senza risparmiare qualche soldo alla fine del mese. Vi aiuterà anche a notare se un prezzo è aumentato improvvisamente, come ad esempio se la vostra azienda Internet avesse applicato un supplemento al conto per il mese. Sapere esattamente quanto pagate vi consentirà di notare rapidamente incoerenze se un'azienda vi sovraccarica.

- Affrontare i debiti: che si tratti di prestiti studenteschi, società di carte di credito che vi perseguitano o pagamenti in auto, il debito è qualcosa che dovrebbe essere una priorità per ripagare la vostra tranquillità. La Federal ReserveBank di Atlanta ha trovato una connessione tra debito e tassi di mortalità più elevati. Il rischio di mortalità è aumentato fino al 5% durante i primi tre mesi in cui una fattura non era stata pagata. Pianificare un piano per effettuare pagamenti coerenti per ridurre i saldi in essere. Astenersi dall'aprire più carte di credito o fare acquisti impulsivi che vi metterebbero in debito. Se non siete in grado di effettuare un pagamento, chiamate e chiedete alla società se offrono un periodo di tolleranza. Se il debito non viene affrontato presto, potrebbe essere inviato a riscossioni che potrebbero solo aumentare lo stress finanziario.

- Punteggio di credito: parlatecon qualcuno della vostra banca del vostro punteggio di credito. Gli studi hanno scoperto che un aumento di 100 punti del punteggio di credito di una persona ha portato a una riduzione del rischio di mortalità di quasi il 4,38%. Ammettetelo: il vostro punteggio di credito è un numero importante e più vi sentite sicuri, migliore sarà la vostra salute finanziaria e mentale. Se siete in grado di lavorare per migliorare il vostro punteggio, vi sentirete più sicuri della vostra situazione finanziaria.

- Fondo di emergenza: le emergenze si verificano ed è spaventoso pensare che potremmo rimanere senza un soldo quando si verificano. Per combattere le vostre paure e preoccupazioni, iniziate subito a costruire un fondo di emergenza! Anche se state semplicemente spostando $ 100 al mese in un conto di risparmio separato, sono $ 1.200 che avrete alla fine dell'anno! La regola empirica è che dovreste avere almeno due stipendi per il vostro fondo di emergenza. Provate a lavorare per costruire prima tale importo tagliando le spese non necessarie dal vostro budget. Una volta raggiunto l'obiettivo minimo, poteteridurre la quantità che aggiungete da ogni busta paga. Avere quei soldi nascosti in modo sicuro "per una giornata piovosa" diminuirà la vostra ansia per qualsiasi situazione che potrebbe sorgere finanziariamente. Chiedete alla vostra banca se offrono promozioni di interessi sul conto per vedere crescere i vostri soldi.

Non abbiate paura di chiedere aiuto a un consulente finanziario della vostra banca per vedere quali offerte o piani finanziari possono aiutare. Lo stesso vale per il vostro lavoro. In alcune società, possono detrarre le prestazioni di vecchiaia o offrire opzioni sull'investimento del denaro attraverso risorse affiliate alla società. Parlate con qualcuno nel vostro ufficio Risorse umane o contabilità per conoscere le offerte della vostra azienda. A meno che non stiate lavorando nel settore finanziario o bancario, questi argomenti possono essere difficili da capire per la gente comune! Le risorse sono disponibili e gratuite per prendere decisioni informate con i propri soldi e iniziare a pianificare la pensione ora. Acquisire conoscenze sulle scelte finanziarie ridurrà la vostra ansia in materia di denaro.

Una delle cose più importanti che dovete ricordare a voi stessi è di non confrontare la vostra situazione con quella degli altri. Nella cultura odierna dei social media e delle celebrità, è facile diventare ansiosi o invidiosi di ciò che tutti gli altri hanno e di ciò che non si ha. Ricordatevi delle benedizioni della vostra vita e sappiate che state sfruttando al meglio la situazione finanziaria in cui vi trovate. Non abbiate paura di smettere di seguire i conti che vi fanno sentire stressato o depresso per il bene della vostra stessa salute mentale.

16. Leggete

Più si invecchia, sempre più la "lettura obbligatoria" influenza la nostra vita: e-mail dal lavoro, scartoffie da firmare, fatture e moduli nella posta. È possibile che anche se vi è piaciuto leggere prima, ultimamente non avete trovato il tempo di farlo. Vi invitiamo a provare a trovare il tempo. L'Università del Sussex ha scoperto in uno studio del 2009 che la lettura può ridurre i livelli di stress fino al 68%. Funziona più velocemente per mettervi a vostro agio rispetto ad altri metodi di rilassamento come ascoltare musica o scrivere su un diario. Questo perché la lettura è una via di fuga istantanea. Quando aprite le pagine di un libro, venite trasportato in un mondo immaginario in cui le vostre preoccupazioni e ansie non sono invitate! Non è sempre un libro di fantasia. Forse preferite la saggistica. Si tratta di ciò che preferite leggere e vi offre una via di fuga. Evitate argomenti che vi fanno sentire triste o indifeso, come guerre o biografie angoscianti. Concentratevi sugli argomenti che vi fanno sentire pieni di speranza e felici, come viaggiare o cucinare.

La lettura funziona per calmare i sintomi fisici dell'ansia. Riduce la frequenza cardiaca e rilassa rapidamente le tensioni muscolari. Perdendovi in un mondo immaginario (o in un argomento che vi interessa se preferite il genere non-fiction), non vi state concentrando sui vostri problemi per un po' . Spesso la lettura può anche aprire la nostra mente a nuove esperienze e nuove visioni del mondo. Espandendo i nostri orizzonti e pensando al mondo in una nuova prospettiva, ci concentriamo sul quadro più ampio del mondo che ci circonda anziché esclusivamente sulle nostre vite individuali.

17.   Tenete un diario
Tenere un diario è un ottimo metodo per dissipare i pensieri da un cervello iperattivo alla fine di una lunga giornata.

"Il journaling è come sussurrare a se stessi e ascoltare allo stesso tempo." Ed è vero: è un ottimo modo per prendere un po' di tempo e riflettere su se stessi e sui vostri pensieri, e su ciò che sta occupando la vostra mente o disturbandovi. È un modo per sfogare lo stress in un metodo sicuro e sentirsi meglio quando ve lo siete liberato dalla testa e su un pezzo di carta. La cosa più importante nel tenere un diario è, ad essere onesti con voi stessi. Se state censurando voi stessi o non state condividendo le cose più importanti per voi, allora questo metodo di condivisione dei vostri sentimenti non funzionerà. Essendo aperti sulle cose che vi infastidiscono e sulle preoccupazioni che vi perseguitano, potete scriverne e sentirvi meglio dopo aver alleggerito il peso dei vostri pensieri.

Un diario non deve sempre contenere i vostri fastidi o ciò che vi stressa. Può anche essere un diario della positività in cui è possibile registrare tutte le cose buone che accadono nella vostra vita o prendere nota di tutte le cose positive che si sono verificate alla fine di ogni giornata. Queste riviste di positività sono un ottimo modo per forzarvi a guardare oltre gli eventi stressanti della giornata e concentrarvi solo sulle benedizioni. Le riviste di positività sono spesso prescritte a pazienti con ansia o depressione per esortarli a concentrarsi sugli aspetti positivi della loro giornata. Prova a mantenerne uno e vedete se vi aiuta a guardare positivamente la vostra vita!

18.   Prendete in considerazione di vedervi con un terapista

Questo libro vuole ispirarvi a provare nuove cose per ridurre l'ansia e lo stress quotidiano, ma non sarebbe completo senza esortarvi a prendere in considerazione l'incontro con un terapista autorizzato se necessario. L'ansia a piccole dosi è considerata normale, come quando si va al primo appuntamento o prima di un colloquio di lavoro. Ma quando vi ritrovate a vivere in uno stato di ansia costante e intensificato che interferisce con la vostra vita quotidiana, potrebbe essere il momento di vedere un professionista della salute mentale. Se siete a scuola, ci dovrebbero essere risorse disponibili presso il vostro centro sanitario o una hotline di amici studenti in cui potete impegnarvi. Se da soli, contattate il vostro posto di lavoro per vedere se hanno risorse nel loro dipartimento Risorse umane. La vostra assicurazione sanitaria dovrebbe anche essere in grado di dirvi quali piani coprono e quanto dovreste spendere di tasca vostra per una spesa di salute mentale.

Preoccuparsi del potenziale costo della terapia potrebbe anche essere qualcosa che vi rende ansiosi. Per fortuna, a causa della prevalenza dell'ansia nella nostra cultura, ci sono molte risorse gratuite disponibili e risorse che vi aiuteranno a trovare un trattamento a prezzi accessibili. Ci sono anche molte app a cui potete iscrivervi dove sarete affiancati a un terapista con licenza con cui potete chattare ogni volta che è necessario.

Eccone di seguito alcune tanto per iniziare:

- Linea di assistenza della National Alliance on MentalHealth 1-800-950-6264. Aperto da lunedì a venerdì, dalle 10 alle 18.
- GoodTherapy.org vi consente di trovare un terapista, uno psicologo o un consulente locale nella vostra zona.
- L'appTalkSpace vi dà accesso a un terapista 24 ore su 24, 7 giorni su 7, dopo esservi abbonato e aver pagato l'iscrizione. Potete chattare o videochiamare con un professionista autorizzato ogni volta che è necessario.
- L'app 7 Cups ha quasi 200.000 ascoltatori e terapisti addestrati disponibili per parlarvi in modo anonimo.
- MoodNotes è un'app popolare che utilizza la terapia cognitivo comportamentale per farvi domande durante il giorno per valutare il vostro umore e lavorare per migliorarlo se state in tensione.
- Breathing Zone è un'app che offre esercizi di respirazione guidata a seconda del livello di ansia che si sta

verificando. C'è anche una guida vocale per aiutarvi se siete un principiante.

Come potete vedere dagli esempi sopra menzionati, i metodi e i mezzi per ricevere la terapia sono diventati più convenienti e, si spera, più convenienti, indipendentemente dal budget che avete. Tutti i metodi sono sempre confidenziali, quindi potete sentirvi sicuri di parlare con una persona autorizzata della vostra salute mentale.

19. Visitate il vostro medico di fiducia per uncheck-up

L'ansia quotidiana si presenta a tutti noi quando siamo preoccupati o turbati per quanto riguarda le situazioni della nostra vita. Può essere difficile distinguere i nostri sintomi di ansia da ciò che è normale e ciò che potrebbe essere classificato come condizione medica e richiederebbe un trattamento adeguato.

Dovreste far visita al vostro medico di fiducia nel caso in cui:

- *Le vostre preoccupazioni e paure stanno iniziando a interferire con la vostra vita quotidiana come igiene fisica, lavoro, scuola o relazioni private*

- *State usando alcol, droghe o abuso di farmaci da bancone per autocontrollo della vostra ansia*
- *State riscontrando altri problemi di salute mentale o fisica che stanno esacerbando la vostra ansia*
- *State vivendo pensieri suicidi o state facendo autolesionismo*

Potreste avere un caso di meta-ansia in cui vi sentite ansiosi per la vostra ansia e vedete un medico. Questo può essere paralizzante per alcune persone e rendere più difficile per loro visitare il medico e parlare delle loro condizioni. In tal caso, vi invitiamo a contattare un amico o un familiare di cui vi fidate per aiutarvi a ottenere l'aiuto di cui potreste aver bisogno. Cercare assistenza medica non è niente di cui vergognarsi e non desideriamo altro che il successo mentre affrontate l'ansia nella vostra vita.

CONCLUSIONI

Grazie per aver superato la fine di Ansia da squash, speriamo che sia stato informativo e in grado di fornirvi alcuni strumenti di cui avete bisogno per alleviare alcune delle paure e delle ansie che potreste provare nella vostra vita. Questo libro e le sue 30 attività sono state progettate per aiutarvi a provare qualcosa di nuovo ogni giorno e fornirvi alcune informazioni di base su una nuova attività che potrebbe cambiare il vostro stile di vita e vedere se funziona per ridurre le ansie quotidiane.

La ricerca ha scoperto che i compiti fisici e sociali possono funzionare per ridurre i livelli di stress, quindi abbiamo raccolto molti suggerimenti da provare. L'esercizio fisico rilascia gli ormoni naturali per il benessere del corpo come l'endorfina e la serotonina che lavorano per combattere la presenza dell'ormone dello stress. Il "runner's high" che ottienete dopo un allenamento corroborante non si limita a tonificare fisicamente il vostro corpo: funziona anche per migliorare la vostra salute mentale, le funzioni cognitive e darvi umore calmo e chiaro per affrontare gli stress quotidiani. Se un allenamento in una palestra formale non fa per voi, abbiamo fornito alcune alternative per altri metodi di allenamento. Fare una passeggiata, visitare la propria città o praticare yoga sono tutti altri modi per migliorare la propria salute mentale.

La prossima categoria di idee vi spinge a prendere una visione di più interazioni sociali. La verità è che formare connessioni sociali sane porta a una migliore salute mentale. Una persona si sente più connessa e curata. O facendo volontariato, connettendovi con vecchi amici, partecipando a un'attività sociale o parlando con qualcuno che ha attraversato le stesse lotte che avete, vi permette di sentirvi più connessi a qualcuno che si prende cura di voi e della vostra ansia. Parlare con qualcuno riduce i sentimenti di stress e disperazione di una situazione, permettendovi di sentirvi più preparato a conquistarla e gestirla con una visione positiva.

L'ultima sezione del libro vi invita a concentrarvi su voi stessi. Esatto, l'amore di sé viene dall'interno e può iniziare solo quando trascorrete del tempo con voi stessi. Indipendentemente dal fatto che state facendo un elenco di obiettivi per il vostro futuro, disordinando la vostra stanza o ri-decorando o esaminando le spese finanziarie che vi causano stress, esaminare gli aspetti personali della vostra vita vi aiuterà a ridurre lo stress mentale. Lo stress finanziario è considerato la prima causa di stress, quindi la creazione di un budget efficace e l'eliminazione delle spese non necessarie possono ridurre i sentimenti di ansia per il futuro.

PARTE 2

INTRODUZIONE

Voglio innanzitutto ringraziarvi e congratularmi con voi per aver scaricato questo libro.

Questo libro contiene esercizi e strategie collaudate sul modo migliore di dominare la vostra ansia e affrontare la vostra vita con un rinnovato senso di sollievo, calma e controllo. Se avete perennemente la sensazione di essere al limite, questo libro vi insegnerà come fare un passo indietro e rilassarvi.

Siamo seri per un istante. L'ansia non è una questione di poco conto. Chiedete a qualunque persona che si trovi spesso a soffrire di attacchi d'ansia. L'ansia può costarvi la carriera, le vostre relazioni interpersonali e persino l'opportunità di vivere una vita pienamente appagante. L'ansia vi può privare della possibilità di fare delle scelte e di vedere poi dove queste scelte vi condurranno.

Sebbene non si sappia molto a proposito dell'ansia, gestirla è effettivamente possibile. Con le giuste informazioni e sufficiente determinazione, sarete in grado di liberarvi dallo stress e di cominciare finalmente a vivere la vita che avete sempre voluto vivere.

Ognuno di noi è soggetto a episodi di ansia. Sia che voi siate una casalinga e madre che tenti di mandare avanti nel migliore dei modi la casa, o un padre che svolga un lavoro dalle 9 alle 5 o, persino uno studente con esami e scadenze da rispettare, l'ansia può influenzarvi in modi che voi riuscite o non riuscite a comprendere. Potrete essere portati a pensare di essere i soli a soffrirne ma, in realtà, è una cosa molto più comune di quanto possiate immaginare. Stress e ansia sono divenuti a tal punto sinonimi del moderno stile di vita che i disturbi dello spettro ansioso sono divenuti la più comune malattia mentale che affligge oggigiorno gli abitanti degli Stati Uniti. Questo è il motivo per il quale una diagnosi tempestiva e una altrettanto tempestiva e puntuale gestione del fenomeno sono cruciali se volete vivere una vita normale.

Questo libro contiene tutte le informazioni più importanti che vi potranno servire per gestire l'ansia. Dall'esatta conoscenza di come questi fenomeni influiscano sul vostro corpo e sul vostro pensiero, fino alle semplici tecniche grazie alle quali riuscire a gestire i vostri attacchi d'ansia, questo libro vi insegnerà i rudimenti per dar vita al vostro percorso verso un salutare e felice stile di vita totalmente libero dall'ansia. E il punto cruciale in tutto questo è che non avete bisogno di una laurea in psicologia per poter gestire questi attacchi d'ansia. Questo libro è stato progettato per essere comprensibile per ognuno di voi, non importa quale tipo di percorso di vita e professionale abbiate scelto.

Con pochi cambiamenti a livello di stile di vita, vi sarà facile rimettere ordine nella vostra vita. Tutto ciò che vi serve è un atteggiamento positivo e un animo pronto ad attuare questi cambiamenti.

Grazie ancora per aver scaricato questo libro. Spero vi piaccia e mi congratulo con voi per aver compiuto il primo passo verso la vita che avete sempre voluto!

1-ALLA SCOPERTA DELLA

VERITàSULL'ANSIA

Informarsi in merito all'ansia può già essere preoccupante per cui diventa importante avere le giuste informazioni sull'argomento. Conoscendo esattamente quello che vi trovate ad affrontare, sarete in grado di avere una migliore comprensione di ciò che è realmente l'ansia. Non vi sentirete confusi né vi vergognerete di soffrire di episodiche crisi d'ansia. Comprenderete che non avete proprio nulla che non va e che con una corretta informazione sarete in grado di gestire con successo questi attacchi d'ansia.

Prima però di cominciare ad affrontare questi attacchi d'ansia, avete bisogno di conoscere 2 importanti verità. Verità uno, l'ansia è una cosa normale e, verità due, l'ansia è una risposta.

Tutti affrontano periodi nei quali l'ansia si fa sentire. Sia che si tratti dell'ansia di breve durata che vi colpisce prima di un colloquio di lavoro o di quella più durevole causata dall'essere incastrati in una relazione sentimentale sbagliata, tutti noi ci siamo trovati a soffrirne ad un certo punto delle nostre vite. Non conta quanto possiate pensare di essere ansiosi, vi sia di parziale consolazione il sapere che non siete soli. L'ansia rappresenta solo un capitolo della vostra vita.

L'ansia rappresenta il modo in cui il vostro corpo risponde a una situazione che egli vive come una minaccia o un pericolo. Vedetela come un segnale d'allarme che porta il vostro corpo ad assumere una modalità combattiva o difensiva. Quando l'ansia inizia ad insinuarsi, l'adrenalina secreta dal vostro corpo scatta. Questo poi segnala al vostro corpo di iniziare a difendersi.

Anche se l'ansia vi mette a disagio, alla fin fine il meccanismo di difesa o attacco del vostro corpo che si mette in azione. Non vi è davvero ragione perché vi dobbiate sentire confusi o frustrarti quando avvertite questo 'segnale d'allarme'. Per aiutarvi a comprendere meglio cosa attraversa il vostro corpo quando iniziate a sentirvi ansiosi, eccovi alcuni segnali che ai quali vi consiglio di fare attenzione.

Respiro e battito cardiaco accelerato

Quando il vostro corpo avverte una minaccia o un pericolo, si prepara facendo in modo di assicurarsi che tutti i principali fasci muscolari abbiano una sufficiente riserva di sangue e ossigeno. L'improvviso aumento del ritmo della respirazione e di quello del battito cardiaco rappresenta solamente il modo in cui il vostro corpo si prepara affinché voi possiate essere pronti ad affrontare ogni genere di pericolo.

Sudorazione

Quando il vostro corpo comincia ad avvertire un qualche tipo di pericolo, una sua risposta naturale è quella di cominciare a bruciare la riserva di energia immagazzinata. Questo è probabilmente il motivo per cui cominciate a sudare freddo quando vi trovate ad essere vittime di una crisi d'ansia.

Sensazione di vertigini

Dal momento che il vostro corpo tende a indirizzare la maggior parte del sangue e dell'ossigeno verso i principali fasci muscolari, potrete avvertire un certo senso di capogiro e vertigini. Sebbene questo leggero senso di capogiro non vi deve allarmare, è comunque consigliabile che vi rilassiate finché non vi sentirete di nuovo bene.

Leggero senso di nausea

Vi capita di avvertire un senso di nausea durante le crisi d'ansia? Non preoccupatevi perché è solo il modo in cui il vostro corpo tenta di conservare le energie. Quando vi sentite ansiosi, il vostro corpo tende a rallentare alcune delle proprie altre attività così da poter dirigere un maggior afflusso di energia a quei meccanismi e a quelle attività che sono maggiormente cruciali per il superamento dell'attacco d'ansia. Se vi sentite nauseati o con lo stomaco sottosopra, bere del tè caldo può esservi d'aiuto per poter far tornare tutto a posto.

Senso di oppressione al petto

I muscoli del vostro corpo hanno la tendenza a tendersi non appena avvertono una situazione di pericolo. Nel caso vi capitasse di avvertire un senso di oppressione al petto, tentate di fare respiri profondi per attenuare questa sensazione. Eseguite degli esercizi di rilassamento che aiuteranno la vostra mente a distaccarsi da questa sensazione di tensione.

Gambe pesanti

Anche questa sensazione è causata dalla tensione muscolare conseguente allo stato d'ansia. La sensazione delle gambe pesanti può essere risolta attraverso delle brevi passeggiate che aiutino un corretto afflusso di sangue in quelle zone o massaggiando delicatamente i muscoli delle gambe così da rilassarli.

Sensazione d'intorpidimento

Se avete inspirato troppo ossigeno a causa della tensione, ciò può causarvi una sensazione di intorpidimento diffuso nel corpo, in particolar modo alle braccia e gambe. Non c'è ci che preoccuparsi in quanto questa è solo la risposta del vostro corpo all'eccesso di ossigeno o all'iperventilazione. Cercate di eseguire degli esercizi di rilassamento per riportare un corretto afflusso di sangue alle vostre estremità.

Visione a colori più intensi

Quando il vostro corpo capta un pericolo, questo provoca una dilatazione delle pupille, con conseguente maggior afflusso di luce in direzione dell'occhio. Questo è il motivo per il quale la vostra visione vi potrà sembrare a colori più intensi e anche rendere la vostra vista sfocata, specialmente quando vi troviate all'esterno. Chiudete gli occhi un momento e concentratevi su pensieri positivi. La vostra vista tornerà ad essere normale non appena vi sentirete più rilassati.

2 – SPERIMENTARE IL PENSIERO

CONCRETO PER DOMINARE L'ANSIA

Nel vostro tentativo di superare l'ansia, vi saranno momenti nei quali vi ritroverete bloccati da pensieri negativi. Vi saranno giorni nei quali sarete tentati di chiamarvi con appellativi quali 'perdente' o 'stupido' perché vi sembrerà di non riuscire a far fronte agli attacchi d'ansia.

Affrontiamoli. È dura pensare positivo sempre. Quando lasciamo che l'ansia prenda il sopravvento, il mondo diventa improvvisamente un luogo minaccioso in cui vivere. Non riuscite più a vederlo per ciò che è. Vi limitate a vedere quanto possa essere pericoloso e minaccioso e questo è il momento nel quale inizia il vero pericolo. È il momento nel quale vuoi consentite ai vostri pensieri di far deviare la vostra realtà che improvvisamente diventa difficile da affrontare per via dell'ansia.

Quindi come fare a interrompere il vostro attacco d'ansia sul nascere? Rimpiazzando tutti i pensieri negativi con pensieri di tipo realistico. Pensare in modo realistico significa semplicemente fare un passo indietro e osservare il quadro per intero senza trarre alcuna conclusione. Sarà solo quando avrete uno sguardo imparziale sulla situazione che vi trovate a vivere che realizzerete che non vi è davvero nulla per cui essere ansiosi. Se vi interessa sapere in che modo il pensiero realistico può giovarvi, qui troverete una semplice guida passo per passo che potrà tornarvi utile.

Passo n°1: Ascoltate le vostre sensazioni

Potrete non esserne consapevoli ma, spesse volte, è ciò che voi pensate che scatena in voi la sensazione d'ansia. Perciò la prossima volta che comincerete a sentirvi preoccupati o stressati e vi sembrerà di non riuscire a capire da dove questo stato d'animo abbia origine, provate a concedervi qualche minuto per ascoltare i vostri stessi pensieri. A cosa state pensando con esattezza? Siete spesso preoccupati perché temete che vi accadrà qualcosa di brutto? I vostri pensieri hanno un enorme impatto sul modo nel quale vivete la vostra vita è quindi importante che voi cominciate a fare attenzione a ciò che pensate, non importa quanto possa sembrarvi banale.

Passo n°2: Identificate I pensieri negativi

Una volta che vi sarete abituati a prestare attenzione a ciò che pensate, vi risulterà più facile identificare i pensieri negativi. Cercate di identificare gli attimi o i momenti nei quali cominciate ad avvertire l'ansia. Siete preoccupati dal possibile verificarsi di una specifica situazione? Se lo siete, quindi qual è il peggior scenario che vi prefigurate? Non abbiate paura di combattere i vostri pensieri negativi. Trascriveteli così da avere qualcosa di concreto su cui lavorare. Di nuovo, non preoccupatevi se potrà sembrarvi banale, se è qualcosa che vi causa preoccupazione o tensione allora dovete annotarlo.

Passo n°3: Combattete questi pensieri negativi

Avere una lista dei pensieri negativi che vi preoccupano vi aiuterà ad affrontarli uno per uno. Dovete sempre ricordare che voi siete più forti dei vostri pensieri. Il solo fatto che abbiate un pensiero e che questo vi sembri tanto reale non fa di lui la realtà. Sta sempre a voi decidere su quali pensieri intervenire. Spesse volte, i vostri pensieri sono basati semplicemente su come vi sentite o meno difronte ad una situazione o ad un fatto difficile da affrontare. Questo è il motivo per il quale avete il potere di combattere i vostri pensieri negativi anziché limitarvi semplicemente ad accettarli. Diciamo che stiate per recarvi ad un importante colloquio e che cominciate a sentirvi ansiosi perché dentro di voi, pensate di stare per rovinare tutto. Un modo efficace per affrontare questo pensiero negativo è quello di chiedervi "Qual è la cosa peggiore che potrebbe accadermi?" la cosa peggiore che potrebbe accadere è che voi non otteniate il lavoro. Vi sentirete di certo delusi ma ciò non significa che questo sia la fine del mondo. Significa solamente che ci sarà qualche altro lavoro adatto a voi là fuori.

Passo n°4: Sostituire i pensieri negativi con affermazioni positive

Non appena sarete in grado di interrompere i pensieri negativi, il prossimo passo sarà quello di rafforzare quelle che sono le affermazioni positive. Non siate i vostri critici più severi. Se siete in grado di essere gentili con gli altri, cos'è che vi frena dall'essere un po' più gentili con voi stessi? Anziché ripetervi ancora e ancora che fallirete, aumentate la vostra sicurezza con un fermo "ce la posso fare". Se vi siete autorizzati a sguazzare nella negatività per un lungo periodo, ora è il vostro turno di mettervi alla prova per un cambio di prospettiva.

Passo n°5: Fate in modo che funzioni

Alla fine del vostro percorso, fate in modo che il tutto funzioni. Smettete di continuare a indulgere in qualsiasi cosa vi causi ansia e tensione, siano esse reali o immaginarie. Può sembrare più facile a dirsi che a farsi ma tutto quello che vi serve è solo essere abituati a farlo. Se non altro, fatelo per voi stessi e per la vostra felicità. Ricordate, la vita è troppo breve per passarla essendo perennemente preoccupati.

3 - ADOTTIAMO UNO STILE DI VITA SANO

ALLO SCOPO DI AFFRONTARE L'ANSIA

Non è facile rendersi conto di avere un problema di tipo ansioso. Non è qualcosa che influenza unicamente il vostro lato emotivo ma si tratta di qualcosa che richiede un tributo anche al vostro benessere fisico. Anche se non lo volete, comincia ad insinuarsi all'interno dei diversi ambiti della vostra vita facendovi convincere che niente potrà più essere come prima.

Ma sebbene vi saranno giorni nei quali avrete la sensazione che non vi sia alcuna speranza che lo stato ansioso possa passare, risolvere il vostro problema con l'ansia senza avere necessità di ricorrere all'uso di farmaci è possibile. Dovete solo essere pronti ad apportare le necessarie modifiche al vostro stile di vita. Non sarà di certo facile ma vale la pena fare un tentativo se ciò significa migliorare il vostro benessere emotivo.

Cibo

Abbandonare l'abitudine all'uso eccessivo zucchero

Probabilmente lo scoglio più duro che dovrete affrontare nel miglioramento del vostro stile di vita sarà quello di abbandonare la nociva abitudine all'uso eccessivo dello zucchero. Lo zucchero è noto per la sua attitudine a influenzare il vostro organismo e le sue risposte. Quando si trova in eccesso nel vostro corpo, spegne un gran numero di reazioni fisiche, il che può avere effetti deleteri sulle vostre risposte emozionali. Se vi sentite ansiosi, provate ad eliminare dolci e gelati per un po'. Scegliete piuttosto le fonti di zuccheri naturali, quale ad esempio la frutta.

Prediligete il cibo integrale

Il cibo integrale non è solamente ricco di magnesio ma vi da quel incremento di energia in grado di tenere a bada gli attacchi di fame. I cibi integrali quali il riso semigrezzo e l'avena contengono triptofani, sostanze nutritive che producono serotonina a livello del cervello. Con un consumo regolare di cibo integrale, potrete evitare che pensieri di tipo ansioso prendano il completo controllo della vostra vita.

Mangiate bacche

Se dovete scegliere un frutto da sgranocchiare, assicuratevi di scegliere un tipo di bacca, mirtilli per l'esattezza. I mirtilli non sono solo buonissimi, sono anche assai ricchi di vitamine e antiossidanti. I mirtilli sono ricchi inoltre di fitonutrienti, un cibo di tipo vegetale che si è dimostrato avere un grande potenziale nella diminuzione della tensione. La prossima volta che vi capiterà di sentirvi ansiosi, concedetevi uno spuntino a base di mirtilli. È garantito che avrà su di voi un effetto calmante.

Indulgete in cioccolato – e mandorle!

Chi ha detto che non possiate concedervi un momento piacevole nella vostra dieta antiansia? Il cioccolato fondente combatte l'ansia riducendo il cortisolo, mentre le mandorle sono ricche di zinco, una sostanza nutritiva che protegge il vostro corpo dall'affaticamento. Cioccolato e mandorle potranno non sembrare il cibo più salutare sul quale basare una dieta giornaliera ma funziona decisamente bene per un trattamento una volta la settimana.

Includete supplementi a base d'erbe nella vostra dieta

Se non riuscite a ricavare tutte le sostanze nutritive delle quali abbisognate nella vostra dieta quotidiana, allora può essere giunto il momento di introdurvi qualche essenziale supplemento a base d'erbe. Cercate supplementi a base d'erbe che forniscano al vostro corpo un apporto di magnesio vitamine del gruppo B e antiossidanti. Studi scientifici dimostrano che supplementi che contengono kava e passiflora compiono meraviglie migliorando l'umore e tenendovi al riparo dagli attacchi d'ansia. Prima però di iniziare a utilizzare supplementi a base d'erbe approvati dalla FDA-assicuratevi che il vostro medico curante ne sia a conoscenza.

Esercizio

Pianificate la vostra attività giornaliera

Non molte persone realizzano che l'esercizio quotidiano può rappresentare un'arma potente per combattere gli attacchi d'ansia. Studi scientifici mostrano che le persone che si esercitano quotidianamente sono meglio equipaggiati per affrontare lo stress quotidiano. Questo è il motivo per cui è importante che voi pianifichiate bene la vostra attività quotidiana. Non fate sì che gli esercizi siano solamente un qualcosa al quale pensate senza però agire in quel senso. L'esercizio funziona meglio se lo pianificate.

Fate quotidianamente delle lunghe passeggiate

Un modo efficace di far tornare nelle condizioni migliori il vostro corpo e le vostre emozioni è quello di fare quotidianamente delle lunghe passeggiate. Riservatevi un'ora al giorno per passeggiare al parco ed esaminare quelli che sono i vostri pensieri. Quell'ora di cammino non solo metterà a frutto le vostre energie rimaste inutilizzate ma vi darà anche la possibilità di ascoltare realmente quelle che sono le vostre sensazioni e le vostre emozioni. Potrà sembrarvi stancante all'inizio è però un metodo garantito per farvi sentire meglio nei rapporti con voi stessi e il mondo attorno a voi.

Praticate Yoga o Pilates

Necessitate di un tipo di esercizio che vi aiuti a ritrovare concentrazione e a ritornare in forma? Quindi una buona sessione di yoga o Pilates può essere un buon trucco. Impegnarvi con lo yoga o il Pilates rilascia endorfine nel vostro cervello le quali agiscono da calmanti naturali o miglioratori dell'umore.

Fate stretching ogni volta che potete

Fare esercizi di stretching fa sì che il sangue possa circolare meglio perciò se vi sentite di malumore o agitati, prendetevi un paio di minuti per fare degli esercizi di stretching. Tentate di non stare seduti tutto il giorno, specialmente se vi sentite oberati di lavoro d'ufficio. Ogni 20 minuti, alzatevi e distendete i muscoli.

Fate sport di squadra

Volete ridurre l'ansia e potenziare la vostra energia allo stesso tempo? Perché allora non praticate uno sport di squadra con un paio di amici? Praticare sport è un ottimo modo per sfogarvi praticando qualche attività sportiva in tutta serenità. Non solo è una possibilità per tenervi in forma ma è anche un ottimo modo di stringere amicizie.

Dormire

Ripristinate il vostro orologio interno

Un altro modo efficace di liberarvi dell'ansia è quello di ripristinare il vostro orologio interno e assicurare al vostro corpo un riposo ristorante. Tramite la corretta regolazione del vostro ciclo sonno veglia darete al vostro corpo un'ottima possibilità di gestire le vostre risposte di attacco o difesa nei confronti delle crisi d'ansia.

Concedetevi riposini rinvigorenti durante il giorno

I riposini rinvigorenti possono apparire un po' controproducenti nel corso di una giornata piena di impegni vi aiuteranno invece ad essere più attenti e capaci di portare a termini i compiti in maniera efficiente. Brevi pisolini di 15 daranno al vostro cervello alcune ben meritate pause e rinvigorire le vostre energie per le sfide che vi troverete di fronte. Assicuratevi solo di fare il vostro riposino nella vostra stanza e fate in modo che non vi disturbi nessuno.

Tenete tutti i dispositivi fuori dalla stanza da letto

Tenere i dispositivi nella vostra stanza da letto e giocherellare in continuazione col vostro telefono non solo vi priverà di un sonno davvero riposante ma manterrà sveglio il vostro cervello, facendovi sentire ansiosi e stressati per tutta la notte. L'unico modo di combattere questo problema è quello di tenere tutti i vostri dispositivi fuori dalla vostra stanza da letto. Se state cercando un modo di allentare la tensione, concedetevi delle letture notturne.

Investite il vostro denaro in un letto confortevole

Potreste pensare che il letto in cui dormite non conti ma conta eccome, specialmente se siete alla ricerca di una buona notte di riposo dopo una lunga giornata di lavoro. Un letto confortevole potrà non essere la soluzione immediata ai vostri attacchi d'ansia ma è garantito che migliorerà la qualità del vostro sonno.

Createvi i vostri rituali notturni rilassanti

Il periodo del sonno può essere per voi il momento per rilassarvi e riavervi dopo una giornata stressante. Se volete gestire tensione e ansia al meglio, avete bisogno di crearvi dei rituali che possano preparare la vostra mente e il vostro corpo per il riposo. Provate a farvi un bagno caldo o, se amate la musica, preparatevi una playlist che vi aiuti a calmarvi e a rilassarvi.

In uno dei nostri prossimi capitoli, vi faremo scoprire un metodo di meditazione che sarà il metodo perfetto per addormentarvi e dormire tutta notte, risvegliandovi freschi e pronti il mattino successivo.

Per favore non permettete che una carenza di sonno vi renda più ansiosi. La verità è che ognuno di noi necessita di una differente quantità di ore di sonno e quindi potete essere in grado di tirare avanti perfettamente durante la giornata dopo un riposo molto breve. Perciò bando alle preoccupazioni in merito.

4 - SEMPLICI ESERCIZI "NEL MOMENTO"

PER COMBATTERE L'ANSIA

Un modo efficace per alleviare l'ansia è agire volta per volta. I pensieri ansiosi vi colpiscono quando ve ne state a rimuginare troppo a lungo sul passato o sul futuro. Questo non solo aggiunge confusione al vostro vivere quotidiano ma sposta anche la vostra attenzione da ciò che conta davvero. Per diminuire gli effetti che i pensieri ansiosi possono avere su di voi, è tempo per voi di vivere "nel momento". Eccovi alcuni esercizi che vi aiuteranno ad affrontare l'ansia nel momento in cui essa si presenterà.

Sviluppate un meccanismo di reazione salutare

Cos'è che riesce a calmarvi? Sia che ciò consista nel fare brevi passeggiata o nell'ascoltare della musica classica, avete bisogno di sviluppare un meccanismo di reazione che vi aiuti ad affrontare tutte quelle situazioni che vi creano ansia. Avere un meccanismo di reazione prestabilito può tornarvi utile per tenere a bada i cattivi pensieri perciò trovate un'attività che vi piaccia davvero fare. È inoltre importante che scegliate un'attività che contribuisca positivamente al vostro benessere generale. Questo vostro meccanismo di reazione dovrebbe donarvi un senso di pace e gioia, non andare a crearvi ulteriore ansia.

Cominciate a tenere un diario

Ogni qualvolta che i pensieri diventino eccessivi da poter sopportare, un metodo per scaricare tutta la negatività e la pressione è tenerne nota. Anche se non vi considerate degli scrittori, il tenere un diario può aiutarvi ad analizzare quei pensieri e al contempo ad osservare la situazione da una prospettiva differente. Riversare i vostri pensieri sulla carta, diventa un modo per voi di privarli del loro potere. Quindi annotateli, datevi da fare e andate Avanti con la vostra vita.

Fate esercizi di respirazione tranquillizzanti

Un semplice metodo di riportarvi al presente combattendo così la tensione è quello di fare degli esercizi di respirazione che vi possano calmare. Tutto ciò che vi serve fare è chiudere gli occhi e fare dei respiri lenti e profondi. Provate a spostare il vostro respiro dal petto al diaframma. L'ossigeno extra che vi entrerà in circolo vi aiuterà a schiarirvi la mente e a rilassare il corpo.

Accettate la Sfida

Se l'ansia sta diventando troppa da sopportare, allora è tempo per voi di fare qualche ulteriore correzione al vostro modo di vivere. Date un'occhiata ai vostri modelli e accettate la sfida di apportarvi grandi cambiamenti che vi saranno d'aiuto per affrontare gli stati d'ansia in modo salutare. Se trovate che il vostro lavoro sia per voi fonte di ansia costante, potreste considerare l'idea di cambiare percorso lavorativo. O ancora se l'ansia è causata da problemi familiari, allora potrebbe essere il momento di vedere un terapista familiare per aiutarvi ad affrontare quel tipo di tensione. Non lasciatevi abbattere dalle crisi ansiose. Con una corretta informazione e un solido Sistema di supporto, potrete finalmente dire addio a questi attacchi d'ansia una volta per tutte.

5 - UN BUON METODO DI MEDITAZIONE

PER TRATTARE LA VOSTRA ANSIA

La seguente tecnica di meditazione è tratta da un'antica guida di meditazione chiamata il *Vigyan Bhairav Tantra*. È sorprendentemente semplice ma vi prometto che se lo proverete per almeno 20 minuti ne sperimenterete immediatamente gli effetti e se continuerete per tre giorni, potrete dar vita ad una nuova, magnifica abitudine che vi tornerà utile per tutta la vita, facendovi sentire stupendamente e liberandovi dall'ansia per sempre. Sono affermazioni di grande peso, me ne rendo conto, perciò non vi chiedo di prenderle per buone alla cieca. Mettetele alla prova! Non avete null'altro da perdere se non la vostra paura.

Ripetetevi in silenzio e concentratevi su una parola che termini per "ah".

Passo numero uno: mettetevi comodi. Sedetevi o sdraiatevi in un modo che vi faccia essere perfettamente felici e rilassati.

Passo numero due: Mentalmente, ripetete lentamente una parola che termini per "ah". Non c'è bisogno che sia una parola vera e propria, può benissimo essere un suono privo di senso logico tipo "hooahhh".

Passo numero tre: rallentate e sincronizzatevi con il vostro respiro. Noterete che concentrandovi sul suono "ah" allungherete di conseguenza le vostre espirazioni. Mentre inspirate, pronunciate mentalmente la prima parte della parola, per esempio il suono "hoo" dell'esempio fatto qui sopra. Quindi, mentre espirate, ripetete il suono "ahh" e notate come questo vi rilassi in modo naturale.

Passo numero quattro: concentratevi. Concentratevi sul suono, specialmente sul suono ahh e su quanta pace e rilassamento questo vi porti.

Se soffrite di insonnia, costipazione o qualsiasi altro problema digestivo, di mal di cuore, a causa di una mente che non si ferma né rallenta mai o di un disperato bisogno di controllo per alleviare la vostra ansia, questo metodo di meditazione potrà fare miracoli per voi unito a un'appropriata assistenza di tipo sanitario.

6 – LE VOSTRE PREOCCUPAZIONI SONO

VOSTRE AMICHE

Nel mio libro precedente sulla depressione, vi ho fornito un semplice e onestamente miracoloso modo di gestire le vostre emozioni con intelligenza e con delicatezza. Le vostre preoccupazioni non sono vostre nemiche, non sono qualcosa che può essere eliminato guardando di più la TV, prendendo delle pillole, dormendo, bevendo o chiacchierando. Le vostre emozioni, ansietà e preoccupazioni sono lì per aiutarvi. So che può suonare folle, perciò concedetemi un momento e vi spiegherò ciò che intendo dire.

Ogni vostra emozione è lì per aiutarvi a sopravvivere e prosperare in modo da poter trasmettere i vostri geni alla prossima generazione. Esse vogliono esservi d'aiuto. Mentre siete soggetti ad attacchi d'ansia, le vostre emozioni potranno essere un po' troppo sollecitate ma con questo metodo imparerete il modo di abbassare il loro "volume" e sperimentare una maggiore pace e saggezza.

Per prima cosa, dovete concedervi di sentire la preoccupazione e l'ansia. Quindi, chiedetevi, di cosa sono preoccupato? Osservate con chiarezza il peggiore scenario che vi state prefigurando. Quindi, chiedetevi ancora, qual è il lato positive di questa mia preoccupazione? Cosa sta cercando di comunicarmi? Perciò. per esempio, diciamo che sono preoccupato a causa di una presentazione che dovrò fare per lavoro. Forse questa mia preoccupazione e ansia mi stanno dicendo di prepararmi meglio. Oppure potrebbero essere un avvertimento circa la possibilità che io perda il lavoro se la presentazione dovesse andare male.

Il prossimo passo sarà quello di valutare le misure da adottare in proposito. Quindi ritornando all'esempio fatto qui sopra, potrei prepararmi con cura, assicurandomi di essere preparato a possibili commenti negativi, incoraggiarmi, fare pratica davanti a un amico, o persino mettermi a cercare un impiego alternativo! È importante realizzare che le vostre preoccupazioni possono essere molto sproporzionate ma dare loro ascolto agendo di conseguenza potrà davvero aiutarvi a curare la vostra ansia.

Di nuovo, non avete nulla da perdere all'infuori delle vostre preoccupazioni!

CONCLUSIONE

Grazie nuovamente per aver scaricato questo libro!

Spero che questo libro sia stato in grado di fornirvi una nuova visione circa il modo in cui gestire più efficacemente l'ansia. Vi potranno essere ancora molti fattori che vi porteranno ad essere ansiosi anche in questo esatto momento ma si spera che con questo libro, vi sarà più facile compiere il passo successivo al fine di rimettere ordine nella vostra vita.

Lo scopo di questa guida è quello di aiutarvi a riprendervi ciò che è vostro di diritto – il diritto a vivere una vita più soddisfacente. Comprendendo cosa sia l'ansia e come trattarla nella maniera corretta, sarete un passo più vicini al raggiungimento della vita che avete sempre sognato per voi stessi. Non avrete mai più a che fare con la tensione né lascerete che i pensieri negativi prendano il sopravvento sulle decisioni che riguardano la vostra vita. Spero che questo libro vi fornisca l'energia e la motivazione per essere le persone che avete sempre voluto essere.

www.ingramcontent.com/pod-product-compliance
Lightning Source LLC
Chambersburg PA
CBHW071233020426
42333CB00015B/1458